하나님 아버지 마음의 일곱 기둥

아바 아버지

이경섭 지음

AL2M

여는 글

　어린 시절 조용했던 나의 아버지는 아들을 볼 때는 벅찬 감정을 억제하지 못하고 양손으로 번쩍 들어 올렸습니다. 아버지는 "…그가 너로 말미암아 기쁨을 이기지 못하시며 너를 잠잠히 사랑하시며 너로 말미암아 즐거이 부르며 기뻐하시리라…"(습 3:17) 하신 하나님 아버지의 표상이었습니다. 신문지에 고기를 싸서 빠른 걸음으로 들어온 날은 그것으로 국을 끓이고 텃밭에서 채소를 뜯어 양푼에 넣고 억센 팔로 비벼 아들의 입에 넣어 주었습니다. 단 세 개의 손가락으로 수저를 잡아 밥을 비비는 아버지에게서 묘한 효능감을 느꼈습니다. 곡식을 실은 소달구지 위에 아들을 태우며 환하게 웃던 아버지는 세상에서 제일 행복한 사나이였습니다.

　그 아버지가 어느 날 갑자기 사라졌습니다. 어린 아들은 그것이 아버지의 장례행렬인 줄도 모르고 맨 앞에서 깃발을 들겠다고 떼를 썼습니다. 아들은 사라진 아버지를 찾아 타라처럼 붉은 밭과 앞산, 물이 가득한 논, 잠실, 뽕나무 밭을 온종일 찾아 나섰지만 어둠에 쫓겨 발길을 돌려야 했습니다. 너른 마당에 참새와 병아리도 잃어버린 주인을 찾았고 뒤란의 감나무는 가지를 늘어뜨리고 장독대 옆의 이름 모르는 잡초와 야생화는 시들했으며 안채와 행랑, 헛간은 텅 비었습니다. 마중물을 붓고 작두질을 하면 물을 콸콸 쏟는 아버지의 우물, 자전거, 카키색 들 것, 달구지와 수레는 녹이 슬었고 달그림자에는 아버지의 이목구비가 투영되어 뼈에 사무쳤습니다. 아무리 몸부림을 쳐도 답답하고 무심한 현실은 변하지 않았습니다.

현실의 부정과 공상, 재회의 시도가 반복되다 아버지의 부재를 현실로 느낀 순간 울타리가 없고 벽이 헐리고 생명의 피막이 벗겨진 것 같았습니다. 산소가 빠져나간 독방에 나 홀로 고립된 것 같았습니다. 아무리 먹어도 허기를 느꼈고, 웃음 뒤에는 허전함이 남았습니다. 키 크고 마른 체격에 코가 오똑한 사람을 만나면 아버지의 얼굴이 겹치면서 슬픔과 연민으로 돌아왔고 눈에는 슬픔의 오로라가 생겼습니다. 슬픔이 핵심감정으로 자리 잡으면서 모든 감정이 슬픔으로 수렴되어 돌아왔습니다. 아무리 좋은 일이 있어도 항상 곱하기 영이 되는 느낌이었습니다. 열등감, 공허감, 상실감, 수치심이 어린 아이를 괴롭혔습니다. 그것을 보상받고자 공상의 세계를 선택했습니다.

톰슨은 "내 마음의 벽"에서 18세의 미군의 자녀 200명을 대상으로 한 연구보고서를 인용하여 아버지의 부재로 인한 심리적인 문제를 억압하면 개인의 병리현상이 되고 발산하면 사회적인 범죄로 이어진다고 하였습니다.

이렇게 현실의 부정과 공상, 재회의 시도가 정신적인 문제를 일으키려고 할 그 때 누군가에게서 하나님이 우리의 아버지라는 이야기를 들었습니다. 그 말이 마치 고함처럼 크게 들려왔습니다. 모든 소음을 뚫고 뚜렷한 신호로 잡혔습니다. "하나님이 나의 아버지다" 바다를 붉게 물들이며 떠오르는 태양처럼, 한 여름의 압도적인 폭우처럼 충격적으로 다가왔습니다. 보호하고 들어주며 소중하게 여겨주고 안아주고 인정하고 용납하는 하나님이 나의 아버지라는 그 사실 하나 만으로도 공허한 마음이 채워지고 상처를 응고시켜 단단한 피막을 만들었습니다. 하나님 아버지의 형상이 큰 거울이 되어 자아상을 재구성했습니다. 교회를 아버지의 집이라고 생각하고 슬퍼도 기뻐도 곤고해도 교회에 갔습니다. 식물이 빛을 향해 굴광성을 가지듯 모든 촉수가 하나님 아버지를 향해 열렸으며 핏줄이 당기듯 강한 본능으로 자리 잡았습니다.

부성애보다 강한, 그 어떤 혈육의 정보다 뜨거운 하나님의 부성은 육신의 아버지가 채우지 못한 자리를 대신했고 오히려 강력한 생존력, 임기응변, 책임감, 지혜, 불쌍히 여기는 마음과 관대함으로 작용했습니다. 공상은 상상력과 사색의 지평을 열었습니다. 그리움은 발효되어 아버지의 나라를 기다리는 힘이 되었습니다. 실패와 좌절에 은혜를 담으시고, 고난을 통해 하나님의 사랑을 채우는 소망의 그릇이 만들어졌으며, 나의 작음에는 하나님의 능력이 채워져 가능성과 끈기로 전환되었습니다.

사실 아버지의 부재는 없었습니다. 육신의 아버지만을 아버지로 생각했기 때문에 부재의 고통을 겪은 것입니다. 진정한 아버지를 외면하는 탕자인 줄도 모르고 육신의 아버지만을 찾아 방황했던 것입니다. 원론적으로 탕자는 존재할 수 없습니다. 심리적 부재가 있을 뿐 어떤 경우에도 하나님 아버지는 아들을 떠나지 않습니다. 그러나 아버지를 곁에 두고도 아버지의 마음을 모르면 집 안의 탕자가 됩니다.

당장의 보상을 요구하며 내일 쓸 것까지 오늘 미리 주셔서 내일에는 가슴을 졸이며 살지 않아도 되고, 아버지를 찾을 일도 없게 해 달라는 둘째 아들만 탕자가 아닙니다. 아버지를 높고 높은 보좌에서 뒷짐 지고 계시면서 잘하면 상주고 못하면 벌주시는 권선징악, 또는 행한 대로 갚으시는 인과응보의 인과율에 가두는 첫째 아들도 집 안의 탕자입니다. 복과 저주가 나하기 나름이라고 생각하고 어려움이 오는 것은 내가 올바른 선택을 하지 않아서라고 자포자기하며 기도를 안 들어주시는 것은 정성이 부족하거나 숨겨진 죄 때문이라고 생각하는 것 또한 아버지의 마음을 모르는 집안의 탕자입니다.

고통을 통해 일하시는 아버지의 마음을 외면한 채 고통을 면하기 위해서 기도의 양을 늘리거나 선행과 열심을 동원하여 상황을 바꾸려는 인과율적인 시도를 하는 것도 마찬가지입니다. 원하는 대로 되지 않으면 "하나님이 과연 나를 사랑하실까?" "나는 하나님께 합당한가?"하면서 자기의심과 자기연민으로 세월을 낭비하는 것이나 "제가 언제 큰 것을 달라고 했습니까? 이것만 주시면 하나님을 제대로 섬기겠습니다."하고 나의 공로와 하나님의 은혜를 거래하려는 시도를 하고 결국 기대와 실망이 반복되면서 더 이상 기대조차 하지 않는 곳에도 탕자의 마음이 있습니다.

우리는 루터가 말한 바와 같이 하나님으로 하여금 하나님 되시게 해야 합니다. 이것이 탕자의 귀향입니다. 하나님은 어떤 상황이나 현실, 그리고 그 어떤 시간과 사건과 경우에서 실수하지도 실패하지도 않으시며 자녀인 나를 사랑하시되 끝까지 사랑하십니다. 삶에 드리운 그림자를 포함하여 내가 원하지 않았던 현실도 하나님이 완성해 가시는 큰 그림의 한 조각 퍼즐이며 하나님의 아버지 되심을 알리시기 위한 목적사건입니다.

오늘 나에게 주어진 하루가 어떤 모습이든지 그것은 하나님의 능력과 지혜로 주신 것이며 나의 인생이 되고 역사가 되어 하나님의 은혜와 아버지를 아는 본문을 담으시는 그릇입니다. 고난이 있다면 그것은 자식을 빚으시는 아버지의 신비로운 손길입니다. 우리가 아버지의 집으로 귀향하면 하나님의 하나님 되심과 이러한 아버지의 마음을 알게 되면서 그리스도를 통해 만물의 상속권을 가진 자녀 됨의 영광에 바짝 다가섭니다.

아버지의 마음을 아는 것이 지혜 중의 지혜입니다. 우리는 솔로몬의 재판을 잘 알고 있습니다. 두 여인이 서로 자기 아들이라고 다툴 때 솔로몬은 둘로 나누라고 명령했습니다. 그 때 아이의 친모는 자식을 포기하고 저 여인에게 주라고 절규했습니다. 아이가 죽을지도 모르는 극한의 상황에서 친모가 누구인지 드러난 것입니다.

솔로몬의 명 재판은 아바 아버지의 마음을 보여주었습니다. 그 마음은 자식의 구원을 위해 자신을 포기하는 마음입니다. 아버지는 자녀를 바꾸거나 대체하거나 없애고 다시 만들 수 없습니다. 아버지는 자신의 존재를 희생하여 자녀를 고치고 회복시키며 천하에 하나 밖에 없고 대체 불가능한 존재로 대하십니다.

신약에는 '아바 아버지'(아빠 호 파테르)가 세 번 등장 합니다(막 14:36, 롬 8:15, 갈 4:6). '아바'는 아람어로 '아버지'입니다. 예레미아스는 '아바'가 당시 어린이들이 쓰던 친근한 호칭이었다고 주장했습니다. 반면에 영국의 학자인 제임스 바는 장성한 자녀가 아버지를 부를 때에도 아바라는 호칭을 사용했다는 문헌상의 실례를 제시하면서 나아가 존경하는 어른이나 스승을 부를 때도 사용하였다고 했습니다. 그러나 그 어느 누구도 예수님처럼 친근하고 근원적이며 만족스럽게 하나님을 아바 아버지라고 부른 존재는 없었으며 우리에게 그 하나님을 아버지라고 부르도록 허락한 존재 또한 없었습니다.

우리가 예수를 믿는 것은 그를 통해 계시된 하나님 아버지를 믿는 것입니다. 그를 본 자는 아버지를 보았고(요 14:9) 그를 아는 것은 아버지를 아는 것입니다(요 14:7). 요한은 본래 하나님을 본 사람이 없으되 아버지 품속에 있는 독생하신 하나님이 나타내셨다고(요 1:18) 증언합니다. 캔 브루는 '나타내셨다'를 '주해하셨다'는 말로 이해했습니다. 예수 그리스도는 하나님 아버지에 대한 유일한 주해며 주석이며 해석이라는 뜻입니다. 캔 브루는 이어서 예수님이 하나님의 성품과 존재, 내면세계를 계시하시기 때문에 아들이 없는 아버지의 계시는 말 없는 연설과 같다고 하였습니다. 요한복음을 복음적으로 주석한 레온 모리스 역시 "예수 그리스도는 이제 하나님 아버지를 완전히 설명하셨다."(1:18)고 하였습니다.

하나님의 강한 부성 뒤에 모성적 사랑이 역설로 녹아 있습니다. 하나님은 때로는 어머니가 자식을 달래듯(사 66:13) "여인이 어찌 그 젖 먹는 자식을 잊겠으며 자기 태에서 난 아들을 긍휼히 여기지 않겠느냐 그들은 혹시 잊을지라도 나는 너를 잊지 아니할 것이라."(사 49:15) 하시면서 그 마음을 숨기지 못하셨습니다.

리처드 포스터는 그의 책 "기도"의 서론에서 '아바'의 호칭에는 힘과 강력함을 포함하는 남성의 이미지뿐 아니라 여성과 관련되는 양육과 친절한 보살핌까지도 내포하고 있다고 했습니다. 렘브란트가 그린 세기의 명작 "탕자의 귀향"에서는 탕자를 안은 아버지의 손을 힘줄이 드러난 강한 아버지의 왼손과 사랑으로 감싸는 부드러운 어머니의 오른손으로 묘사했습니다. 예레미야서에는 하나님이 마치 어린아이를 달래듯 쩔쩔매시는 모습이 나옵니다.

"오냐! 에브라임은 내 아들이다. 눈에 넣어도 아프지 않은 나의 귀염둥이다. 책망을 하면서도 나는 한 번도 잊은 일이 없었다. 가엾은 생각에 내 마음은 아프기만 하였다. 내가 진정으로 하

는 말이다."(렘 31:20, 공동번역)

자식을 혼내는 부모 마음이 더 아픈 것처럼 자식을 방치할 수도 포기할 수도 없는 아버지의 권위와 사랑이 만나는 곳에 그리스도가 계십니다. 그리스도는 한 손으로 아버지의 손을 다른 한 손으로 자녀의 손을 잡으시고 아버지의 마음을 자녀에게 자녀의 마음을 아버지에게 향하게 하셨습니다(말 4:6). 그리고 자녀에게 대물림되는 악순환을 끊으셨습니다.

"그 때에 그들이 말하기를 다시는 아버지가 신포도를 먹었으므로 아들들의 이가 시다 하지 아니하겠고 신포도를 먹는 자마다 그의 이가 신 것 같이 누구나 자기의 죄악으로 말미암아 죽으리라."(렘 31:29, 30)

우리는 언제 어떤 상황이 와도 하나님이 나의 아버지라는 사실을 바탕으로 문제를 풀어가야 합니다. 비록 삶이 원치 않는 방향으로 향해도 마찬가지입니다. 이스라엘이 바벨론의 포로가 된 지 어언 70년이 되어갑니다. 포로가 되어 바벨론에 정착한 사람들은 바벨론에 집을 짓고 생업에 종사하고 자녀들은 이스라엘의 언어와 역사를 잃어가고 있었습니다. 그들을 기억해 줄 고국은 망했고 해방이 될 것이라는 그 어떤 징후도 보이지 않았습니다. 바벨론은 점점 강성해지고 이스라엘 백성은 마치 바람 앞에 선 상한 갈대와 꺼져가는 심지 같았습니다. 그럼에도 불구하고 그들은 고백했습니다.

"주는 우리 아버지시라 아브라함은 우리를 모르고 이스라엘은 우리를 인정하지 아니할지라도 여호와여, 주는 우리의 아버지시라.…"(사 63:16)

이 고백을 간직한 남은 자들에 의해 성전이 재건되었고, 그 성전을 통해 나단언약의 궁극적 성취를 고대하는 메시아사상이 일어났습니다. 그리고 오늘날 우리는 '아바 아버지의 마음'의 계시자로 오신 그리스도를 통해 그 성취를 경험하고 있습니다.

목차(CONTENTS)

여는 글

제 1 부

권 위

1. 로드십 / 17
2. 스키피오의 눈물 / 22
3. 헤브라이즘 / 29
4. 의의 보루 / 33
5. 파더링 / 39
6. 자유로의 도피 / 44

제 2 부

사 랑

1. 울트라 을 / 51
2. 사랑의 그림자 / 55
3. 자기주심의 봉사 / 61
4. 가인과 다윗 / 65
5. 호모 루덴스 / 69
6. 자기 사랑의 역설 / 72

제 3 부

자아상

1. 절대거울 / 79
2. 미추의 기준 / 83
3. 자존심과 자존감 / 87
4. 자신감의 원천 / 91
5. 인간의 조건 / 96
6. 나의 나 됨 / 100
7. 키 작은 거인 아들러 / 104
8. 자기와 자아 / 107

제 4 부

공동체

1. 공회와 교통 / 113
2. 성장과 성숙 / 117
3. 거룩과 화평 / 121
4. 거울과 창문 / 126
5. 독존과 공존 / 130
6. 부분과 전체 / 134

제 5 부

신정론

1. 고통의 형이상학 / 141
2. 나는 더 아프다 / 146
3. 침묵의 발언자 / 153
4. 무감각의 고통 / 158
5. 파도와 조류 / 162
6. 불구하고와 때문에 / 165

제 6 부

안 식

1. 안식일의 주인 / 173
2. 멈춤의 미학 / 177
3. 마르바 던 / 182
4. 고도를 기다리며 / 186
5. 한계의 한계 / 190
6. 카르페 디엠 / 195

제7부

부르심

1. 디스토피아 / 201

2. 호모 노마드 / 208

3. 부르심 / 213

4. 부르심의 소망 / 218

5. 선택과 집중 / 223

6. 꿈과 비전 / 226

7. 야망과 비전 / 233

저자후기 / 236

제1부

권위

1. 로드십
2. 스키피오의 눈물
3. 헤브라이즘
4. 의의 보루
5. 파더링
6. 자유로의 도피

1. 로드십

인생의 목적은 주인을 찾는 것이다(투르니에).

프랑스의 저명한 여류작가가 마약에 취하여 노숙자들 틈에서 발견되었을 때 그녀는 당당하게 말했습니다. "나는 내 인생을 파괴할 권리가 있다" 과연 그럴까요?

넬슨 만델라는 폭압과 이에 대한 분노에 정복당하지 않기 위해서 "…나는 내 운명의 주인, 내 영혼의 선장…"이 들어간 "인빅투스"라는 시를 좋아했고 그 시가 주는 힘으로 27년의 부당한 투옥을 견뎠습니다.

정반대의 사례도 있습니다. 1935년 미국 텍사스 웨이코에서 제7일 안식교의 한 분파인 다윗파 사이비 집단이 등장합니다. 거짓된 종말론을 가르치고 자신을 재림예수라 주장하며 재산을 갈취하고 불법무기로 무장한 교주는 20명의 아내를 두었습니다. 1995년에 이 사이비 단체의 불법성을 조사하려는 미국 연방수사국에 저항하는 과정에서 사상자가 발생하였고 이어진 강경진압에 맞서 지른 불이 목조건물에 번지면서 어린아이 25명을 포함하여 86명이 타 죽었습니다. 이 끔찍한 일이 있고 2년이 지난 후 오클라호마

연방정부 청사에서 보복성 폭탄테러가 일어나 무고한 시민 168명이 목숨을 잃었는데 범인 멕베이는 사형집행 전 최후 진술을 대신하여 "나는 내 운명의 주인 내 영혼의 선장"이라는 내용의 시를 연필로 써서 제출하였습니다.

"나는 내 운명의 주인 내 영혼의 선장"이라는 이 시가 누구의 손에 들렸느냐에 따라 결과는 정반대로 나타났습니다. 어떤 사람은 분노와 고난을 이겨냈고 어떤 사람은 자신과 타인을 파괴할 권리로 악용했습니다. 그리스도인은 오직 청지기일 때만 내가 내 운명의 주인이고 내 영혼의 선장입니다. 하나님이 우리의 주인일 때 우리는 건강한 주인의식을 가진 청지기며 하나님이 왕일 때 대리통치를 명받은 부왕입니다.

시 에스 루이스의 말대로 인간은 사과 하나 따 먹은 정도의 잡범이 아닙니다. 손에 무기를 든 반역자며 하나님의 보좌를 찬탈하려고 끊임없이 기회를 엿보는 아담적 실존입니다. 아담적 실존은 만물의 척도가 되어 자기의 기준을 갖고 자기왕국의 주인이기를 원합니다. 아무 데나 마구잡이로 화살을 쏘고 그 화살이 박힌 곳에 과녁을 그려놓고 명중을 했다고 좋아하며 자기가 낸 시험지에 100점을 주고 자화자찬 하는 존재입니다. 인간의 자아는 한없이 팽창해서 모든 것이 나의 뜻대로 되지 않으면 불편해하고 화를 내며 하나님만이 하실 수 있는 판단을 내가 하고 있으며, 대부분의 불만이 "왜 다른 사람을 위해 내가 수고를 해야 하는가?"에 집중되어 있습니다. 이렇게 자기의 왕국을 세워 손가락으로 주변을 통제하고 자기와 자기를 둘러싼 세계의 주인이 되고자 하는 인간의 현주소가 바로 아담적 실존입니다.

인간은 있는 모습 그대로를 실존적으로 관찰하면 절대 자기 인생의 주인이 될 수 없습니다. 나폴레옹은 1769년 이탈리아 앞바다인 코르시카 섬에서 태어났습니다. 이곳은 나폴레옹이 태어나기 1년 전 프랑스에 매각되었기 때문에 1년 만 늦게 태어났어도 그는 라틴어를 쓰는 이탈리아 사람이 되었을 것입니다. 인간은 국적, 피부, 인종, 신장, 외모, 부모, 성별, 성씨 중 어느 것 하나 스스로 결정할 수 없습니다.

우리 몸의 대부분을 차지하는 심장이나 뇌, 위장과 같은 자율신경은 의지와 상관없이 움직입니다. 심장이 콩닥거리는 것을 멈출 수 없고, 딸꾹질을 멈추는 것조차 쉽지 않습니다. 얼굴이 빨개지는 것을 누가 마음대로 조절할 수 있습니까? 아무리 숨기려고 해도 거짓말 탐지기는 진실을 말합니다. 마음대로 잠을 잘 수 있다면 그 많은 수면 클리닉이 왜 존재하겠습니까? 나이를 먹을수록 신경은 무디어지고 손과 발이나 눈도 점점 기능을 상실합니다. 그런데 어떻게 인간이 자기 영혼의 선장이며 운명의 주인입니까? 인간은 하나님이 맡겨주신 인생을 관리하고 그 과제를 완수하는 청지기일 뿐이며 그 청지기직 안에서만 인간은 자기 인생의 주인입니다.

인간은 니체가 되고 싶었던 초인이 아니라 사소한 트라우마에 좌우되는 연약한 실존입니다. 철학자며 정신분석학자인 라캉은 "자아 또는 주체가 아닌 타자가 인간을 말하고 행동하게 한다."고 했습니다. 여기서의 타자는 무의식을 의미합니다. 그 무의식은 욕망이 채우고 있기 때문에 인간의 주체는 자아가 아닌 욕망이라고 하였습니다. 심리학에 따르면 사람의 성격과 기질은 타고나며 인격이나 대인관계의 패턴은 영, 유아 시절 부모의 양육태도에 의해 좌우됩니다. 행동주의 심리학자인 스키너가 자유의지는 환상이라고 한 것 또한 인간이 습관과 보상과 처벌 또는 강화에 의해 수동적으로 움직이는 존재라는 사실을 바탕으로 합니다. 인간은 자신의 부모가 자신에게 대했던 방식으로 하나님을 인식합니다. 이 무의식의 횡포에서 자유로운 사람은 아무도 없습니다.

게리 콜린스의 "마음탐구"에 뇌를 다친 한 사람의 이야기가 나옵니다. 1848년 폭파사고로 쇠파이프가 피니어스 가게라는 철도공의 광대뼈에 박히면서 머리 위를 통과했습니다. 다행히 의식을 잃지 않았고 1년도 안 되는 기간에 치료가 잘 되었지만 이 사고로 전두엽을 상실한 그는 영리하고 감정을 잘 통제하면서 균형이 잘 잡힌 과거의 모습과 달리 변덕스럽고 우유부단하며 상스럽기까지 하였으며 불손하고 조급한 사람이 되었기 때문에 현장주임의 자리에 복귀하지 못했습니다. 그는 1860년 간질발작이 일어나면서 세상을 떠났는데 그의 두개골과 두개골을 관통한 쇠파이프는 하버드대학교에 기증되어 인지심리학을 위한 연구 자료가 되었습니다.

어떤 사람은 벼락에 맞은 이후 수학천재가 되었습니다. 영국에서는 교내 성적 상위 2%로 수재라 불리던 한 미모의 여고생이 어머니의 남자친구가 운전하는 차를 타고 가다 교통사고를 당한 이후 뇌에 손상을 입고 입에 담기에도 민망한 변태성욕자가 되었습니다. 그리고 영국법원은 어머니의 남자친구에게 150만 달러의 손해배상을 판결했습니다. 각종 질병에 걸리거나 심지어 범죄자가 될 가능성은 상당부분 유전자가 결정한다는 무시할 수 없는 통계가 있습니다. 유전자의 힘은 압도적이어서 장수 유전자를 가진 사람은 어떤 환경에서도 오래 삽니다. 반면에 가족력에 있는 특정한 질병은 아무리 조심해도 피하기 어렵습니다.

인간의 몸은 80여개의 호르몬이 연주하는 오케스트라와 같습니다. 조금만 불협화음이 일어나도 감정과 인지, 기능 등에 심각한 병리현상이 나타납니다. 타고 난 지능과 학습능력 사이에는 상당한 연관이 있습니다. 한 가수가 어느 날 자신이 하나님이라는 확신이 들더랍니다. 바로 입원을 해서 오랫동안 약을 복용하고 나서야 그것이 망상이라는 것을 시인했다고 합니다. 사람이 공상허언증에 걸리면 실제로 자기가 한 거짓말을 진실로 받아들입니다. 이단이나 사이비종교현상은 모두 종교적 과대망상, 그리고 공상허언증과 같은 심각한 정신질환입니다.

인생의 대부분이 내포하고 있는 수동태는 자신을 설계하시고 창조하시고 구원하신 주인이 따로 있다는 강력한 논증입니다. 그러므로 "인생의 목적은 자유를 찾는 것이 아니라 주인을 찾는 것이다."라고 말한 투르니에의 말은 백번 옳습니다. 하나님은 우리의 영혼과 운명의 주인입니다.

하나님이 우리의 인생을 창조하여 우리에게 맡기셨습니다. 이러한 주님의 주님 되심, 즉 로드십에 기초하여 우리는 자기인생의 청지기가 되어 자기의 인생을 경영하고 그 과제를 완수해야 합니다. 하나님은 지극히 높으신 주권적 통치자시며 우주와 만물의 주인입니다. 우리는 피조물의 자리에서 현실을 수용하고 하나님을 섬겨야 합니다. 그 첨단에 예배가 자리합니다.

2. 스키피오의 눈물

하나님은 역사의 주인이다.

작가며 생리학자인 제레드 다이아몬드는 인류역사에서 "총 균 쇠"가 승자와 패자를 결정지었다고 하였습니다. 역사를 바꾼 것은 한 인간의 의지가 아니었습니다. 독화살을 든 원주민이 총을 든 침입자를 막을 수는 없었고, 유럽에서 유입된 새로운 병균에 감염되어 수많은 목숨을 잃었습니다. 흑사병은 유럽의 역사를 바꾸었습니다. 돌칼은 쇠로 만든 칼을 이길 수 없었으며 아무리 좋은 칼도 권총과 겨룰 수는 없었습니다. 조선정벌에 실패한 막부정치 시절 일본에 페리제독의 배가 나타났을 때 타르를 바른 압도적인 크기의 배는 새까만 괴물처럼 보였으며 그들이 무장한 대포 앞에서 사무라이의 칼이 젓가락 같았습니다. 일본은 문호를 개방하여 거함과 거포로 무장하여 주변국을 위협했습니다.

　　　신흥제국 로마는 카르타고와 지중해의 패권을 놓고 일전을 벌였습니다. 백전노장 한니발은 코끼리 부대를 이끌고 알프스를 넘어 로마 본토를 공략하는 무리수를 두었습니다. 주력군이 텅 빈 카르타고의 허점을 로마의 젊은 장수 스키피오가 놓치지 않았습니다. 불타는 카르타고를 바라보며 스키피오는 눈물을 흘렸습니다. 불타는 타르타고에서 미래의 로마를, 패장 한니발에게서 미래의 자신을 보았기 때문입니다. 스키피오의 눈물은 그가 정치적 소용돌이에 희생당할 때 현실로 입증되었으며 그가 승리를 안겨준 대제국 로마는 제국의 힘을 감당하지 못해서 동서로 분열하였고, 1000년의 수도 콘스탄티노플은 오스만제국의 메메드 2세에게 점령당합니다.

오스만 제국의 젊은 술탄은 밤에 70척의 배를 끌고 해발 60미터의 갈라타 언덕을 넘어 금각만(golden horn)에 띄웁니다. 배가 산으로 가는 파격적인 야습을 까마득하게 모르고 있던 동로마제국의 마지막 황제 콘스탄티누스 11세는 아침에 눈을 뜨자마자 금각만을 가득 메운 적군의 함대에 경악했습니다. 찬란한 로마제국은 불에 타고 소아시아 교회는 모스크가 되거나 관광지가 되있습니다. 파스칼은 팡세에서 말합니다.

"나로서는 무엇인지 모르는 것 그 하찮은 것이 모든 땅덩어리를, 황후들을, 모든 군대를, 온 세계를 흔들어 움직이는 것이다. 클레오파트라의 코, 그것이 조금만 낮았더라면, 지구의 모든 표면은 변했을 것이다."

전쟁을 좌우하는 것은 사소한 실수와 무지 때문입니다. 그리고 오만이 화를 키웁니다. 바둑의 명국에서의 승패는 상대의 악수가 좌우합니다. 타이틀을 놓고 겨루는 권투에서는 상대가 먼저 포기해야 겨우 이깁니다. 우리가 넘어지려는 결정적인 순간에 하나님이 마귀를 묶으시고 환경을 주장하셔서 피할 길을 주십니다. 배교

직전에 목숨을 거두셔서 순교자가 되게 하시고 사람이 죄를 지으려고 하면 하나님이 가시로 그 길을 막으며 담을 쌓아(호 2:6) 막으십니다. 한 개인의 역사와 제국의 역사를 막론하고 하나님의 주권적 통치가 미치지 않는 곳은 단 한 평도 존재하지 않습니다.

기독교 역사관은 객관적인 외면의 역사와 의미를 가진 내면의 역사를 통합하여 역사에서 숨 쉬고 있는 하나님의 일하심에 집중하는 섭리사관입니다. 그 어떤 사건도 하나님의 허락하심이 없이 된 것은 없습니다. 야마토 무사시를 믿었던 일본은 핵 앞에 항복을 하였고 이듬 해 1946년 1월 1일 일왕의 '인간선언'이 있었습니다. 바벨론 왕은 거대한 제국이 자신의 능력과 지혜로 된 것이 아니라 하나님으로부터 온 것임을 깨닫기까지 짐승의 자아로 7년 동안 풀을 뜯어 먹고 살았습니다(단 4:32).

나관중의 삼국지에서 서주를 빼앗긴 장비는 자기 성질을 이기지 못해서 부하에게 암살당하고, 관우는 주변의 권고를 무시하고 무리한 전쟁에 나가서 독화살을 맞고, 유비는 복수심에 불타서 무리한 출정을 하는 바람에 "하늘이 원망스럽다"는 말을 남기고 전사했습니다. 시대를 풍미했던 조조는 천하통일을 앞두고 편두통이 심해 죽은 사람의 환영을 볼 정도였습니다. 편집증이 있었던 그는 뇌를 여는 외과적 수술을 권했던 명의 화타를 의심하여 처형했기 때문에 치료의 길도 막혔습니다. 삼국통일의 위업은 결국 은폐기술에 능했던 사마의 가문에서 차지하였고 하늘이 누구를 택했느냐는 질문으로 대단원을 장식합니다.

주전 221년 아버지의 죽음으로 13세에 왕이 된 영정은 전국을 통일하고 국호를 '진'으로 자신을 최초의 존귀한 신성한 존재며 모든 것의 시초라는 의미로 시황제라고 불렀습니다. 그의 뜻을 따르지 않는 460명의 학자들을 생매장하고 책을 불태웠습니다. 잔인함으로 적을 공포에 떨게 했고 총 길이가 지구의 반지름과 맞먹는 만리장성을 쌓는데 70만 명의 포로를 동원했습니다.

불로장생을 위한 불로초를 구하기 위해 동남동녀 3,000명을 전설의 봉래산이 있다고 추정되는 황해, 한국, 일본 등지에 보냈습니다. 36년 동안 자신이 죽어서 들어갈 지하궁전을 짓고 거기에 강과 바다의 모형을 만들고 불로장생을 하게 한다는 액체 수은으로 채웠으며 천정에는 보석을 박아 하늘을 재현하고 자신을 괴롭히는 죽음의 환영들로부터 보호하기 위해 진흙으로 2미터에 이르는 8천의 모조 병정들을 만들어 보초를 세웠으며 수백 명의 후궁과 인부를 함께 순장했습니다. 270개의 궁전에 소실이 3천명에 달했고 파라오보다 10배 넘는 영토를 차지했습니다. 그러나 영생불사를 찾아 수은용해제를 상습직으로 복용한 그는 수은중독으로 환각과 환청에 시달렸습니다. 불로초를 구하러 간 동남동녀는 감감무소식이었고 아방궁을 비우고 7년을 여행하던 그에게 남은 마지막 방법은 하늘에 호소하는 것이었습니다. 다큐멘터리에는 그의 마지막 호소가 애절하게 흘러나옵니다.

"하늘이시여 내가 왔습니다. 다들 말을 들어 주십시오. 보이십니까? 온 천하가 제 손 안에 있습니다. 불안을 종식하고 법을 세웠습니다. 무질서를 벌하고 온 천하를 평화로운 것으로 바꿔 놓았습니다. 이제 하늘의 태양과 별 아래 이 땅의 주인은 한 명 뿐입니다. 바로 접니다. 단 한 사람의 의지가 지배하지요. 제 것입니다. 그런데 언젠가는 저도 죽어야 합니까? 제가 죽어야 합니까? 죽어야 합니까? 저에게도 하늘의 힘을 주십시오."

결국 50세 되던 해 그는 마차에서 숨을 거두었고 흙으로 돌아갔으며 그의 강한 의지는 꺾였습니다. 진시황은 최초로 자신을 신으로 높이는 시황제라고 칭했으며 아방궁은 천체의 별자리를 따라 위치를 정했고 부정을 타지 않으려고 신하들에게 거처를 숨겼으며 스스로를 신으로 믿고 전 우주의 지배자가 되기를 원했습니다. 그런데 그는 한 줌의 재로 돌아갔고 그의 영혼은 지금 성경에 기록된 그 장소에 있습니다.

1945년 당시 45세였던 함석헌은 독립을 기다리다 낙심하여 함경북도 용암포에 낙향한 후 어느 날 밭에서 거름을 주다 해방소식을 듣습니다. 그는 해방을 아무런 예고 없이 내려주신 떡에 비유하며 '도적 같이 온 해방'이라고 하였습니다. 해방이 되고 분단된 대한민국은 기습을 당해 낙동강까지 후퇴 하였습니다. 이 때 유엔 안전보장이사회 상임이사국 회의에 소련이 불참하고 영국, 프랑스, 미국, 중국(대만)의 찬성으로 연합군이 참전합니다. 전쟁 이후, 이 땅에서는 한강의 기적이 일어났습니다. 그러나 두 번이나 군사정변이 일어나 대학가에는 최루가스가 떠나지 않았고 거리에는 불심검문이 일상이었으며, 언론통제와 고문과 불법적인 감금, 무고한 시민을 향한 발포와 같은 최악의 상황도 있었습니다. 망하지 않은 것이 기적입니다.

한국교회는 130여 년 전 한 줌도 안 되는 사람들이 쪽복음을 가지고 예수를 믿기 시작하였습니다. 탯줄도 자르지 않은 채 피투성이가 되어 발짓하는 신생아였습니다. 하나님이 탯줄을 자르시고 씻고 소금을 뿌리고 강보에 싸서 기르셨습니다. 벌거벗을 수치를 가리고 아름다움으로 꾸미셨습니다. 세계 제 1의 교회들이 세워지고 그 화려함과 명성이 온 땅에 퍼져 나갔습니다. 어느 누구의 의

지나 계획이 이룬 것이 절대로 아닙니다. 어느 누구의 꿈과 비전으로 만들어진 것도 아닙니다. 하나님이 발짓하는 우리를 불쌍히 여기시고 피투성이를 강보에 싸서 기르신 결과입니다.

어린 시절 마을의 중심에는 1910년에 선교사와 함께 지은 기와집 예배당이 있었습니다. 얼마 후 마을에서 가장 높은 언덕 위에 빨간 벽돌로 교회당을 짓고 모두들 감격하여 눈물을 흘렸습니다. 더 이상 바랄 것이 없었습니다. 모두 교회에 모여 덩실덩실 춤을 추었습니다. 교회는 100년이 넘도록 그 자리를 지키고 있고 그 연약한 교회를 통해 사람들이 어떻게 하나님을 만났으며 하나님이 어떻게 그들을 인도하셨는지 그 존재만으로 설교가 되었습니다.

진 에드워드는 "세 왕 이야기"에서 다윗과 사울과 압살롬의 이야기를 풀어갑니다. 다윗은 기름부음 받은 왕입니다. 사울은 그것을 빼앗길까 전전긍긍합니다. 압살롬은 스스로 빼앗으려고 아버지를 상대로 반란을 일으켰습니다. 그러나 다윗은 오직 하나님이 누구에게 기름을 부으시며, 누구를 세우시는지가 권력투쟁보다 중요하다고 믿었습니다. 하나님은 이 다윗과 왕국언약을 맺으시고 그의 등불을 끄지 않겠다고 약속하셨습니다.

역사학자 찰스 비어드는 자신이 평생을 두고 연구한 역사의 교훈을 네 가지로 요약했습니다. 첫째로, 하나님이 누군가를 심판하려고 하실 때는 그를 교만에 중독되게 하신다는 것입니다. 주변에서 '저러다 큰 일 나지'하고 걱정하기 시작할 때 홀연히 심판이 임합니다.

둘째로, 하늘이 충분히 어두워야 별이 보인다는 것입니다. 흑암의 고통은 새벽이 가깝다는 뜻이기도 합니다. 인간이 포기하면 하나님이 시작 하십니다.

셋째로, 벌이 꽃으로부터 꿀을 약탈하지만 꽃을 수정시켜 열매를 맺게 한다는 것입니다. 전쟁은 인간을 겸허하게 만들고 새로운 시대정신을 등장시켰으며 문명이 도약하게 했습니다. 무엇보다 역사적인 대부흥은 모두 참혹한 전쟁 뒤에 일어났습니다. 그리고 1, 2차 세계대전은 인간의 이성을 보좌에서 끌어내렸습니다.

넷째로, 심판의 맷돌은 천천히 돌지만 마침내 가루를 만든다는 것입니다. 천천히 도는 이유는 회개할 기회를 주시는 것입니다. 가장 무서운 심판이 내버려 두시는 것입니다. 악을 행해도 벌이 없고 무슨 짓을 해도 잘된다면 이미 심판을 받은 것입니다. 하나님이 인간을 상관하지 않으신 상태로 내버려 두시면 인간성이 파괴되고 도덕과 윤리가 무너지면서 사회가 부패합니다. 요한은 계시록의 마지막 장을 기록하면서 역사의 주인이 하셨던 준엄한 경고를 기록했습니다.

"불의를 행하는 자는 그대로 불의를 행하고 더러운 자는 그대로 더럽고 의로운 자는 그대로 의를 행하고 거룩한 자는 그대로 거룩하게 하라. 보라 내가 속히 오리니 내가 줄 상이 내게 있어 각 사람에게 그가 행한 대로 갚아 주리라"(계 22:11, 12)

3. 헤브라이즘

헤브라이즘은 따뜻하고 인간적인 '하나님주의'다.

하나님의 권위가 얼마나 따뜻하고 아름다운 것인지를 알려면 헤브라이즘에서 시작해야 합니다. 헤브라이즘은 따뜻한 신본주의의 표상입니다. 구약은 히브리어로 신약은 헬라어로 기록되었습니다. 두 언어를 가진 사람들의 세계관과 문화는 헤브라이즘과 헬레니즘으로 갈라집니다. 헤브라이즘은 유대인중심의 신본주의 즉 하나님 중심의 사고입니다. 헬레니즘은 알렉산더 당시 고대 그리스를 중심으로 하는 인간중심의 인본주의며 신화도 인간의 이야기처럼 만들었습니다.

그리스 정신을 계승한 로마에서 번성한 기독교는 지난 2000년 동안 관계보다는 체계를, 사랑보다는 교리를, 가슴보다는 이성을, 은사보다는 지식을 강조하는 헬레니즘의 형식을 갖추었습니다. 교리전쟁, 마녀사냥, 성직자 계급주의, 십자군 전쟁은 모두 이런 사고의 산물입니다. 당연하게 사람들은 헤브라이즘의 정신을 그리워하였습니다. 관계와 열매, 그리고 얼마나 인격이 성숙하고 사랑이 많으냐에 따라서 사람을 평가하는 자각이 일어난 것입니다.

헤브라이즘은 예수님이 회복하신 따뜻하고 인간적인 신본주의를 말합니다. 헤브라이즘은 위로 하나님을 경외하고 아래로는 낮은 곳을 향합니다. 헤브라이즘에서 나오는 신본주의는 고집 세고 딱딱하며 타협할 줄 모르는 강박적인 신앙을 의미하지 않습니다. 수직적으로만 하나님을 섬기고 사람에게 마음대로 해도 된다고 생각하는 외골수나 근본주의는 신본주의가 아닙니다. 과거의 전통과 관행만을 고집하는 것 역시 신본주의와 거리가 멉니다. 균형 잡힌 신본주의는 인간적이어야 하며 따뜻한 피가 돌고 그 온기로 힘든 사람의 손을 잡아 주는 것이어야 합니다.

헤브라이즘적 신본주의의 전형은 팔복에서 제시하신 화평케 하는 자를 말합니다. 십자가를 통해 설명하면 중심에 내가 그리스도와 함께 못 박히고 위로 하나님과 화평을 이루고 좌우로는 이웃과 자연과 화평을 이루며, 아래로는 나 자신과도 화해하는 하나님 사랑과 이웃사랑의 두 계명이 만나는 곳에 신본주의가 존재합니다. 하나님이 가장 낮고 천한 자리로 내려와 사람을 위해 죽기까지 복종하시며 마침내 십자가에 죽으신 그 마음이 신본주의의 표상입니다.

우리나라 역사상 최고의 유학자로 꼽히는 퇴계 이황이 있습니다. 그의 맏아들이 21세의 젊은 나이로 세상을 떠나면서 며느리는 청상과부가 되었는데 어느 날 며느리의 방문 밖을 지나다 남편 모양의 인형을 만들어놓고 마주 앉아 소곤대다 흐느껴 우는 광경을 목격하고는 고민에 빠졌습니다. 고민 끝에 젊디젊은 며느리를 수절시키는 것은 윤리도 도덕도 아니라는 결론에 이릅니다. 며느리의 친정아버지며 친구인 사돈과 절교를 각오하면서까지 도덕이나 윤리는 사람을 위한 것이라는 신념을 포기하지 않았고 며느리를 돌려보냈습니다. 퇴계의 행동에 대하여 말도 많고 논쟁도 있었지만 일설에 따르면 퇴계가 어느 평온한 마을을 지날 때 젊은 여인이 먼발치에서 퇴계가 안 보일 때까지 존경스런 마음으로 지켜보았다고 합니다.

하나님은 이스라엘을 제사장 나라로 부르셨습니다. 제사장이란 다른 나라를 주님 앞으로 인도하는 중매자와 같습니다. 이와 같은 이방인을 위한 제사장의 사명을 자신들의 우월성을 내세우는 특권과 선민주의로 악용하는 것은 헤브라이즘이 아닙니다.

인간적인 것과 인본주의는 다릅니다. 인간을 만물의 척도로 삼는 인본주의는 현대판 우상입니다. 신본주의는 인도주의(humanitarianism)와 통하며 하나님을 사랑함의 또 다른 양상입니다. 이웃을 사랑하지 않고 하나님을 사랑할 수 없으며 하나님을 사랑하지 않고 이웃을 사랑할 수 없습니다. 하나님을 사랑한다고 하면서 이웃을 사랑하지 않으면 아직도 어둠에 속해 있고 하나님을 알지 못하는 것입니다(요일 2:9-11). 예수님 당시 바리새인들은 고르반을 내세우면서 하나님께 의무를 다하면 부모에게 의무를 다하지 않아도 된다고 합리화를 하였습니다. 이 또한 병든 신본주의입니다.

16세기 로마 교황청은 "여자는 교회에서 잠잠 하라"는 말씀을 문자적으로 잘못 해석하여 여성들이 교회에서 찬양하는 것을 금지합니다. 그 결과 교회에서 여성 소프라노를 대신할 소년 합창단을 만들게 되는데, 변성기가 되면서 소프라노가 안 나오자 '거세'를 합니다. 이렇게 거세당한 성가대원을 '카스트라토'라고 하였습니다. 신본주의의 첨단에서 가장 원초적인 인간의 권리를 억압한 것입니다.

예수님은 따뜻한 신본주의, 즉 인도주의의 전형을 보여 주셨습니다. 예수님은 안식일에 병자를 고치시면서 "사람이 안식일을 위하여 있는 것이 아니라 안식일이 사람을 위하여 존재한다"(막 2:27) 고 하셨습니다. 간음하다 현장에서 붙잡힌 여인을 구해주신 예수님은 이 여인에게 "… 나도 너를 정죄하지 아니하노니 가서 다시는 죄를 범하지 말라…"(요 8:11) 고 하셨습니다. 어거스틴은 이 순간을 이렇게 묘사했습니다. "사랑 받을 수 없는 사람을 사랑 하심으로 사랑 받을 자격이 있는 존재로 다시 태어나게 하셨다."

다른 사람에게 친절을 베푸는 것, 부드럽고 따뜻하게 말하는 것, 열심히 노력해서 소중한 것을 지키는 것, 예배를 드리고 찬양을 할 때 아름다운 기술을 동원하고 조명의 아름다움과 예술적 감각을 동원하는 것, 그리고 감정을 몰입하여 예배하는 것을 인본주의로 배척하는 것은 지나칩니다. 그것은 오히려 마음과 정성과 뜻을 다하여 하나님을 사랑하는 헤브라이즘의 정신입니다. 알아듣기 쉽게 말하고 쓰며 전달하는 것도 마찬가지로 주님의 마음으로 타인을 섬기는 헤브라이즘입니다. 행동이 신사적이면 말도 부드럽고 고상해야 합니다. 자기를 낮추고 겸손함으로 품격을 증명해야 합니다.

리처드 마우가 말한 "무례한 기독교"는 신본주의가 아닙니다. 확신이 있는 그리스도인은 동시에 교양이 있는 그리스도인이어야 합니다. 십자가에서 나를 죽여 사람을 만나고 그리스도의 손과 발이 되어야 합니다. 교회 밖에 있는 사람들은 예수를 믿지 않는 것이 아니라 못 믿는 것입니다. 그러므로 나는 천국 가고 너는 지옥 간다는 이분법으로 그들을 대하지 말고 하나님이 은혜를 주셔서 눈과 귀를 열어 주실 때까지 기다려야 합니다. 이것이 진정한 의미로 하나님의 절대 주권을 믿는 신본주의입니다.

4. 의의 보루

건강한 권위는 의의 보루다.

테오도르 엡에 의하면 여호수아는 애굽에서 노예로 40년, 광야에서 모세의 시종으로 40년, 그리고 가나안에서 이스라엘의 지도자로 30년을 살았습니다. 30년을 위해 70년을 권위에 복종하는 훈련을 하였습니다. 권위에 복종해 본 적이 없는 사람은 건강한 의미에서의 권위자가 되지 못합니다. 반면에 권위에 복종하는 자녀는 사회적 관계에서도 좋은 인격자가 됩니다.

아름다운 권위는 억압이나 지배가 아닙니다. 억압적인 권위자는 감정표현이 자신의 특권이라고 생각합니다. 팀 슬레지는 이런 역할을 하는 부모를 '어린 왕 부모'(king baby parent)라고 불렀습니다. '어린 왕 부모' 밑에서는 가족들이 공개적으로 대화를 하지 못하고 가족 구성원의 감정은 억압당하여 가장만 감정을 표현합니다. 자녀들에게 파괴적인 역할을 하게하고 의사표현을 안 하는 착한아이 콤플렉스를 가진 아이로 키우거나 희생양이나 대리배우자 역할을 강요합니다.

하나님의 권위는 권위주의와 다릅니다. 권위는 라틴어 '성장하게 하다'라는 동사에서 왔습니다. 진정한 권위는 격려하고 가르치고 칭찬하고 이끄는 섬김이고 헌신이며 희생과 책임입니다. 진정한 권위는 추울 때 끼는 장갑과 같고, 비와 강풍을 막는 지붕이나 벽과 같으며, 추운 몸을 덮어주는 이불과 같습니다. 진정한 권위는 광풍을 피하는 곳이며, 폭우를 가리는 곳이고, 마른 땅에 냇물 같고, 곤비한 땅에 큰 바위 그늘입니다(사 32:2). 권위에서 책임이 빠지면 권위주의의 부작용으로 나타납니다. 막스 베버는 진정한 권위에서 나오는 카리스마는 하나님이 부여하신 것이라고 다음과 같이 말했습니다.

> "책임과 권위는 동전의 양면과 같다. 권위가 없는 책임이란 있을 수 없으며, 책임이 따르지 않는 권위도 있을 수 없다"

우리는 과거 독재시대와 유교적 권위주의에 대한 피해의식으로 권위를 부정적으로 인식하고 반골과 저항을 미덕으로 인식합니다. 하지만 권위주의가 문제일 뿐 권위 자체는 선하고 아름답고 소중합니다. 모델링이 되어주는 도덕적 권위, 희생과 헌신으로 이어지는 사랑의 권위, 지속적 관심과 격려를 해주는 인격적 권위는 아름다운 유산입니다. 권위자에 대한 상처가 있다면 치유되어야 합니다.

한 형제가 정욕을 이기려고 몸부림을 쳤으나 번번이 무릎을 꿇었습니다. 권위에 복종해본 적이 없기 때문에 새로운 권위자를 만날 때마다 적응하지 못했습니다. 어느 날 그는 아버지에게 전화를 걸었습니다. 둘 사이에 어색한 침묵이 흘렀고 아들의 입에서 아버지를 사랑한다는 고백이 전화선을 타고 전달되었습니다. 아버지

역시 아들을 사랑한다고 하였습니다. 아버지의 목소리는 가늘게 떨렸습니다. 울고 있는 것이 분명했습니다. 놀랍게도 아들은 그 순간 마음의 응어리가 풀리면서 점점 자신의 연약함을 극복하기 시작했고, 직장동료 뿐 아니라 이웃들과 점점 잘 지내는 자신을 발견했습니다. 제자가 스승의 머리를 깎고 스승이 없다고 말하는 것이나 식인종이 아버지를 잡아먹고 고아라고 하는 것이나 하나님을 부정하고 무신론자라고 하는 것은 자유가 아니라 패역입니다.

영적인 권위는 생명의 피막입니다. 몸을 감싸는 피부가 있고, 세포에는 막이 있고, 태아에게 생명싸개가 있고, 에덴에 선악과가 있고, 물 위에 방주가 있고, 지구에 대기권이 있고, 예루살렘에 성벽이 있고, 성막에 울타리가 있는 것처럼 의로운 권위는 물의 습격을 막는 역청이며(창 6:14) 세속주의를 걸러내는 삼투압이며, 의의 마지막 보루입니다.

필자는 갓난아기 때부터 교회의 젖을 먹고 자랐습니다. 교회만 생각하면 가슴이 설레고 뼈에 사무칩니다. 어린 시절에 경험한 원형의 교회는 화려하지는 않았지만 많은 사람을 어둠에서 빛으로 부르시는 것을 눈으로 확인하고 교회를 꿈으로 가졌습니다. 이러한 교회를 깡그리 부정하는 이단의 문제는 곧 권위의 문제입니다. 이단은 2천년 동안 교회의 기초를 이룬 사도적 권위를 부정합니다. 그들은 교회가 순교의 피를 흘려가며 지키고 세워 온 교리와 신조를 멸시하고 어떤 선한 교훈도 듣지 않습니다.

교회는 성전의 실현이며 긍휼의 보자기입니다. 교회는 의인이 살아가고 숨 쉬는 터전입니다. "터가 무너지면 의인이 무엇을 하랴?"(시 11:3) 하는 말씀처럼 진리의 기둥과 터를 벗어나면 하나님과 심각한 단절이 옵니다. 신자의 어머니인 교회의 권위를 부정하면 하나님 아버지를 잃습니다. 캘빈은 교회의 명부에 이름이 올라가지 못하면 생명책에도 오르지 못하다고 하였습니다.

　모든 권위는 성경의 권위에서 출발합니다. 성경은 그것을 말씀하신 분의 권위를 기반으로 합니다. 조선시대에 왕명을 받는 사람은 목욕재개를 하고 사모관대를 갖추어 입은 후에 왕도를 향해 절을 하였습니다. 왕의 말은 곧 왕을 의미했기 때문입니다. 권위와 말은 언제나 붙어 다닙니다. 권위에 따라 말의 무게도 달라집니다.

　하나님의 말씀은 예수 그리스도를 통해 성육신하였습니다. 성육신 하신 말씀의 권위 앞에서 귀신이 떠나고 병이 물러가며 바다가 잔잔해지고 죽은 자가 살아났습니다. 성경을 보면 그리스도가 보이고 그리스도를 보면 하나님이 보입니다. 성경은 하나님의 권위로부터 나왔으며 모든 권위를 권위 되게 하는 권위입니다. 하나님 아버지의 권위와 성경의 권위는 동일합니다. 하나님이 영원하신 것처럼 성경도 그렇습니다. 하나님이 오류가 없으시며 생명이신 것처럼 주님의 말씀도 그렇습니다. 하나님으로부터 영감을 받은 성경은 우리가 얼마든지 '예스' 할 수 있는(고후 1:20) '거룩한 긍정'(Foster)이 되어야 합니다.

　사탄이 하는 일은 바로 이 권위를 무너뜨리는 것이었습니다. 인간이 선악과를 범하여 하나님이 선악의 기준이 되는 권위가 무너지면 사탄의 세상이 되어버린다는 것을 알고 있던 사탄은 아담이 선악과를 범하여 하나님의 권위에 도전하도록 유혹했습니다. 선악과는 오늘날로 말하면 성경의 권위를 상징하기도 합니다. 성경은 선과 악이 무엇인지를 알려주는 절대적 기준입니다. 성경의 권위를 부정하는 것은 선악과를 범하여 자기 스스로의 기준과 상대적이고 주관적인 잣대를 가지겠다는 것과 같습니다.

순종이나 복종은 영혼이 없는 맹종이나 굴종과 다릅니다. 복종은 군대와 같은 합법적인 조직과 질서에서 일어나지만 순종은 이보다 더 고차원적입니다. 순종은 마음에서 우러나오는 자발적인 복종입니다. 복종은 질서에 기초하며 순종은 권위자에 대한 신뢰를 바탕으로 합니다. 예수님의 순종은 하나님을 '아바! 아버지!'라고 부를 수 있는 친밀함으로부터 흘러넘치는 순종입니다(Foster).

우리는 정부가 이상적이어서 법을 지키는 것이 아니며, 교회가 흠이 없어서 따르는 것이 아닙니다. 남편이 아내보다 잘나서 부창부수가 아닙니다. 바울은 (능력 없는) 부모에게 복종하고 (눈가림만 하지 말고) 주께 하듯 상전을 대하라고 하였습니다.

지금은 왕정시대가 아니어서 국민에게 주권이 있고 권력은 국민으로부터 나옵니다. 그래서 국가의 지도자는 국민에게 부여된 권세에 복종해야 합니다. 국가의 지도자가 이를 어기면 민주주의 정치질서는 다양한 방법으로 견제를 합니다. 그리고 지도자가 자신에게 부여된 범위를 벗어난 권한 밖에서 불법을 행할 때 비폭력으로 시민 불복종 운동을 하는 것은 성경적입니다. 그리고 선거와 여론에 참여해서 하나님이 부여하신 권세를 통해 더 공정한 사회가 되도록 노력해야 합니다. 예수님은 가이사의 것은 가이사에게 주라며 로마에 세금 내는 것을 반대하지 않으셨습니다. 우리는 나와 정치적 견해가 다른 사람이 정권을 잡아도 국민의 의무를 다해야 합니다. 모든 권세는 하나님으로부터 오며 건강한 질서와 권위는 하나님이 세우시기 때문입니다(롬 13:1).

이 세상의 질서와 합법적인 권위를 따르는 것은 가장 높은 권위에 계시는 하나님께 대한 순종입니다. 하나님이 세우신 권세에 복종하는 것은 곧 하나님께 하는 것과 같습니다(롬 13:2). 주님께 하듯 마음으로부터의 권위에 대한 자발적인 존중이 일어날 때(엡 6:7) 그 안에서 혜택을 보는 것은 나 자신입니다. 부모의 품을 벗어나면 탕자가 되며 교회의 권위를 벗어나면 이단이 되고, 국가의 권위를 부정하면 국제미아가 됩니다. 하나님의 권위를 벗어나는 순간 가장 싫어하는 사탄의 종이 되어 사탄과 운명을 같이 해야 합니다.

5. 파더링

지상의 아버지는 하나님의 표상이다.

지상의 아버지는 자녀의 과거와 미래를 잇는 가교입니다. 족장시대, 아브라함은 이삭에게, 이삭은 야곱에게, 야곱은 열 두 아들에게 언약을 세습하는 다리가 되었습니다. 청교도들은 아버지를 가정의 제사장으로 생각했습니다. 자녀의 신앙을 위한 아버지의 열심을 당연한 것으로 여겼습니다. 이것이 성경이 말하는 아버지 노릇(fathering)입니다.

자녀는 가정을 떠나지만 가정은 영원히 자녀를 떠나지 않는다는 말이 있습니다. 아버지로부터 받은 상처는 3, 4세를 대물림 하고, 훌륭한 아버지의 표상은 수천 대에 이르러 축복이 됩니다. 진정한 권위를 경험하지 못하고 학대를 당한 아이는 자신의 경험을 대물림 합니다. 그러므로 "또 아비들아 너희 자녀를 노엽게 하지 말고 오직 주의 교훈과 훈계로 양육하라"(엡 6:4) 하는 말씀은 합당한 권위를 행사하라는 명령과 닿아 있습니다.

아버지의 권위를 기반으로 하는 가부장제도는 박물관에 박제된 퇴물이 아니라 여전히 지키고 보존해야 할 소중한 가치입니다. 가부장제도의 원천은 하나님이 아버지가 되시고 우리가 자녀 됨에 있습니다. 건강한 가부장 제도는 오는 세대를 보호하고 방종을 예방하며 의로움과 인격에 대한 감각을 줍니다. 우리 시대의 비극은 이러한 합당한 권위체계가 무너지면서 아비가 자식의 마음을 떠나고 자녀가 아비의 마음과 멀어진 결과입니다.

남자는 여자의 머리라고 할 때 이는 우열이나 상하관계를 말하는 것이 아닙니다. '머리'는 우두머리가 아닌 '원천'이라는 의미로서 여자인 하와가 남자인 아담에게서 나왔음을 말하고 바울은 동시에 모든 남자의 어머니는 여자라는 것을 균형을 잡아서 그것이 질서와 책임에 관한 것일 뿐 남성우월주의를 말하는 것이 아니라는 점을 분명히 했습니다. 남편과 아내가 서로 면박을 주고 험한 말을 주고받는 것은 자녀교육을 포기하는 것과 같으며 둘이 잘 지내고 존중하고 대화로 문제를 푸는 것이 최고의 자녀교육입니다.

철강 산업으로 거부가 된 베이클랜드 가문의 손자, 토니의 20년 가족사는 가부장제도가 제대로 작동하지 않은 비극의 단면입니다. 토니의 가족은 조부 덕에 사교계와 어울리며, 여행하고, 예술과 최고급 패션을 즐겼습니다. 그러나 부와 명성과 화려함은 말 그대로 잔인한 혜택에 불과했습니다. 아버지는 아들 토니에게 무관심했고, 토니의 여자 친구와 도피 행각을 벌입니다. 토니에게 법과 절제 땀과 노동의 가치, 최소한의 도덕적 기준을 말해주지 않았을 뿐 아니라 앞장서서 그것을 깨뜨렸습니다. 남편과의 애착에 실패한 토니의 어머니는 그것에 대한 보상심리로서 아들을 심리적인 배우자로 삼고 집착하였습니다. 어머니는 아들의 독립을 방해하면서 대리만족을 위한 소유물로 여겼습니다. 토니는 어머니에게 자율적인 삶을 빼앗기고 최소한의 금기마저 침범을 당합니다. 이런 가족의 역기능 속에서 토니 안에 괴물이 생기더니 정신을 갉아먹으면서 덩치를 불렸습니다. 모든 심리적 자원을 약탈당한 토니의 비극은 어머니를 살해하고 자신도 자살하는 것으로 끝이 납니다.

중독자인 권위자로부터 학대를 당했던 산드라 윌슨은 토니처럼 권위자에게 학대를 당하고 상처 입은 '성인아이' 또는 '상처 입은 내면아이'의 특징을 이렇게 요약했습니다.

"다른 사람들과 다르다고 느낀다. 정상적인 가족관계 기능이 어떤 것인지 알지 못한다. 사람을 적절히 신뢰하는데 어려움을 겪는다. 무자비하게 자신을 비판하며 이를 대수롭지 않게 대우한다. 다른 사람의 인정과 칭찬에 목말라 있다. 감정을 식별하고 느끼고 표현하는 데 어려움을 겪는다. 화가 난 사람들과 개인적 비판 앞에 공포와 두려움을 느낀다. 상황과 관계를 통제하기 위하여 노력할 때가 많다. 이제 성인으로서 더 많은 선택을 할 수 있는데도 이를 인식하지 못하고 있기 때문에 덫에 걸려 피해자가 되거나 무기력하다고 느낄 때가 있다. 자신을 탓하거나 죄책감에 시달리거나 지나친 책임감을 느낀다. 버림받는 것을 두려워하여서 충동성과 거짓말을 하는 것으로 어려움을 겪을 뿐 아니라 어떤 일을 끝까지 하는 일에 어려움을 겪는다."

종교개혁자 마르틴 루터는 아버지가 매우 엄격했다고 합니다. 조금이라도 원칙에서 벗어나면 가차 없이 매를 맞고 벌을 받았습니다. 그는 아버지가 원하는 대로 법학자가 되기 위하여 준비를 하는 중에 함께 길을 가던 친구가 벼락에 맞아 죽는 충격적인 일을 경험합니다. 그 사건은 그를 공황상태로 몰아넣었고, 수도사가 되게 하였습니다. 그의 아버지의 영향과 일련의 사건을 통해 그는 하나님을 엄격하고 벌을 내리시고 타협의 여지가 없는 무서운 분으로 인식하였습니다. 그래서 그 하나님께 인정을 받기 위하여 베드로 성당의 계단을 무릎으로 오르내리며, 밤에는 채찍으로 자기의 등을 피가 나도록 때렸습니다. 그런 금욕과 고행이 하루만 더 계속되었어도 죽었을 것이라고 고백할 정도였습니다. 어느 날 스승 슈타우피츠는 이렇게 말했습니다.

"진정한 회개란 징벌하는 하나님을 두려워함에서가 아니라 하나님을 사랑함으로써 시작된다."

스승의 가르침에 힘입어 루터는 "오직 의인은 믿음으로 말미암아 살리라"는 구절에 눈을 뜹니다. 루터는 조금씩 어거스틴의 은총의 신학에 근거하여 심판의 하나님에서 사랑의 하나님으로 표상을 수정하고, 이후에 심도 있는 성경연구를 바탕으로 그것을 내면화 합니다.

다가오는 남편이 벌레처럼 느껴지는 여성들, 자식이 죽도록 미워서 죄책감에 시달리는 어머니들, 이단이나 무당과 불경건한 결속을 한 사람들, 직장생활에 적응하지 못하고 권위자와 사사건건 문제를 일으키는 남성들, 쉽게 실족하고 속박당하는 사람들의 상당수는 어릴 적 부권에 대한 분노와 상처가 내면화되었을 가능성이 있습니다. 내면화 한 부정적인 감정을 보상받기 위해 사람은 정욕이라는 신 포도주를 찾으며 거기에 중독되어 비정상적인 삶을 멈출 수가 없게 됩니다.

그러나 만일 누군가 그를 진정한 사랑과 용납으로 일관성 있게 대해주면 이전의 이미지와 교체가 일어납니다. 그리고 이후에는 새로 만들어진 이미지를 가지고 다른 사람을 만나기 시작합니다. 교회는 그 어느 곳보다 이런 건강한 아버지의 이미지를 보여주는 곳이 되어야 합니다. 어린 시절 아버지로부터 성적 학대를 받고 성중독자의 삶을 살다 회복되어 상처 입은 치유자로서 회복사역자가 된 마크 레이저 목사가 있습니다. 그는 강연에서 이런 고백을 하였습니다.

"각자의 근원가정에서 상처를 입었다면, 하나님의 가족(교회)에서 치유를 받을 수 있다고 믿습니다"

6. 자유로의 도피

광야는 자유를 잃어버린 자유인의 도피처다.

애굽의 노예로부터 자유를 얻은 이스라엘은 체질화된 노예근성 때문에 가나안에 들어가지 못했습니다. 그들은 자유를 감당하지 못하고 애굽의 노예시절을 그리워했습니다. 가나안을 정탐하고 그 땅을 악평한 이유는 자유가 불안했기 때문입니다. 왜 목숨을 걸고 지켰던 자유를 쉽게 포기하려고 했을까요? 사회심리학자인 에리히 프롬은 목숨을 걸고 자유를 쟁취한 사람들이 자유를 감당하지 못해서 나치즘이나 파시즘과 같은 전체주의로 회귀한 현상을 '자유로의 도피'라고 표현했습니다.

다소 무질서해 보이는 민주주의보다 과거의 통제사회를 그리워하는 것은 '자유로의 도피'입니다. 자발적인 복종보다 맹종을 추구하고, 눈에 보이는 계율과 조문에 더 친근감을 느끼는 종교적 본성도 '자유로의 도피'입니다. 자율적인 순종보다 강한 종교적 카리스마와 보다 많은 집회와 규율에 의해 통제 받고자 하는 심리나 몸이 편하고 바쁘지 않으면 죄책감을 느끼는 청교도적 강박주의 역시 '자유로의 도피'입니다. 사무엘의 시대에 사람들이 자율적인 하나님의 직접 통치 대신 자기들을 권력으로 통제할 왕을 구한 것 역시 '자유로의 도피'입니다. 계량화 되지 않은 믿음보다 수치화 되는 행위 구원론이 힘을 잃지 않는 이유 또한 '자유로의 도피' 심리 때문입니다.

에리히 프롬이 말하는 진정한 자유란 어디로부터의(from) 자유가 아니라 고독과 불안을 극복하고 스스로 선택하는 어디로의(to) 자유입니다. 칸트가 말하는 자유는 해야 할 것을 하고 하지 않아야 할 것을 하지 않는 것입니다. 칸트는 자신이 원하는 모든 것을 할 수 있다고 생각하는 자유는 사실 자유가 아니라 욕망의 노예라고 하였습니다. 그동안 억압과 죽음으로부터 또는 신으로부터의(from) 자유를 인류는 추구해 왔습니다. 그런데 바울은 그리스도께로(to) 향하는 그리스도 안에서의 자유를 말했습니다. 존 스토트는 그의 책 "제자도"에서 '그리스도 안'의 의미를 이렇게 설명했습니다.

"그리스도 안(in)에 있다는 것은 옷장 안의 옷이나, 상자 안의 공구처럼 기계적, 종속적 개념이 아니라, 가지가 나무에(in) 있는 것처럼 그리스도와 연합하여 있는 것을 의미한다."

세상은 죄를 짓는 것이 아니라 죄에 끌려 다닙니다. 세상은 선택의 여지가 없습니다. 존재론적으로 세상은 죄의 노예입니다. 세상이 선행을 해서 칭찬을 받는 것 또한 모범수 같아서 존재론적으로는 여전히 죄의 포로일 뿐입니다. 그러나 그리스도 안에 있는 사람이 죄를 짓는 것은 죄에 미혹을 당하는 것이고 죄가 그를 주관하거나 주장하지는 못합니다. 그리스도 안에 있으면 죄를 지을 수는 있어도 죄에 끌려 다니는 죄의 노예는 아닙니다. 그리스도인이 죄를 짓고 비록 사법적인 형벌을 받아도 여전히 신분에서는 의인이며 루터가 말하는 용서받은 죄인입니다. 그러나 그리스도인이 실제로 고의적인 악을 지속적이고 계획적으로 행한다면 자신을 그리스도인으로 착각할 뿐 실제로는 그리스도인이 아닐 가능성이 큽니다.

　　개인이 소장하고 있는 골동품을 감정해주는 텔레비전 프로그램에서 실제로 있었던 일입니다. 어떤 사람이 대대로 보관해온 가보를 가져왔는데 감정을 해 보니 조선시대의 노비문서였습니다. 예수님은 우리가 의식하지 못하는 인습, 관습, 율법 등 '의문에 쓴 마음의 증서'(골 2:14)를 십자가에 못 박으시고 지우고 제하여 버리셨습니다. 율법은 인간을 정죄하여 십자가로 추방하였으며 십자가는 우리를 억압하는 증서를 찢고 우리의 눈과 귀를 가리는 수건을 벗겨(고후 3:16) 자유로운 아들로 서게 하였습니다. 그런데 아직도 노예근성을 버리지 못하고 그것을 붙들고 있다면 '노비문서'를 가보로 간직하는 것과 같습니다.

　　엄격한 신분사회였던 조선시대에 신분을 바꾸는 것은 거의 불가능했고 그 과정과 절차 또한 까다로웠습니다. 조선시대 노비는 태어나면서부터 양반의 시중을 들거나 관청에서 일을 하고 외거노비가 되어 자기 논밭을 가꾸려면 주인에게 매년 비싼 몸 값을 냈습니다.

　　당시 양반이었던 미암 유희춘은 유배지에서 이구의 여종을 첩으로 맞아 네 명의 딸을 낳았는데 모두 종모법에 따라 이구의 노비가 되었습니다. 비록 노비의 몸에서 태어났지만 혈육이 다른 집의 노비로 살아가는 것을 지켜보는 미암은 단 하루도 편히 잠을 이루지 못합니다. 다행히 노비의 몸값을 지불하거나 다른 노비로 대신 바꾸는 속량제도가 있었습니다. 미암은 혈육이 적당한 나이가 될 때까지 기다려 8년에 걸쳐 차례차례 속량을 시켰습니다. 미암은 1568. 5. 26일 "미암일기"에 "매우 기쁘고 또 기쁘다."고 그 때의 심정을 기록했습니다. 미암은 노비가 된 자녀를 돈으로 속량을 했지만 하나님은 우리를 죄에서 속량하시기 위해 아들을 내어 주셨습니다.

무엇이든지 원하는 것을 할 수 있다는 식으로 자유를 이해하면 아퀴나스가 말한 악성 순환논증에 빠집니다. 자유로운 행동은 자율적인 행동입니다. 미운 사람을 미워하는 것은 자유가 아니라 육신의 횡포에 굴복하는 도피입니다. 죄를 짓고 싶어서 짓는 사람은 없습니다. 고민하면서 죄를 짓습니다. 우리가 그리스도의 능력으로 순종하는 곳에 자유가 있고, 본능을 거스르고, 그의 이름으로 죄를 이기는 곳에 자유가 있습니다.

자유에는 헌신이 있습니다. 종은 헌신할 수 없습니다. 종은 이미 종이기 때문에 당연히 할 일을 하는 것일 뿐이며 헌신하는 것이 아닙니다. 헌신하고 희생하는 것은 자녀의 특권입니다. 하나님의 자녀로 부름 받은 바울은 자신을 사슬에 매인 사신(엡 6:20)이라고 하였습니다. 이런 찬송시가 있습니다. "주의 사랑의 줄로 나를 주께 잡아매소서" "주의 은혜 사슬 되사 나를 주께 매소서" 이 찬송시는 제단 뿔에 희생제물을 매어두는(시 118:27) 제의적인 모습입니다. 이삭처럼 아무런 저항 없이 순종함으로 산제사가 되려는 자세입니다.

이삭은 약속의 아들이었기 때문에 결박이 상처가 되지 않았습니다. 오히려 자신을 드릴 수 있는 것을 특권으로 여겼습니다. 누가 시켜서가 아닙니다. 그렇게 안 하면 벌 받아서도 아닙니다. 하나님의 은혜가 너무 크게 다가오고 어떤 상황에서도 자녀를 위하시는 하나님을 신뢰하기 때문에 저절로 항복이 일어난 것입니다.

"불의를 행하는 자는 그대로 불의를 행하고 더러운 자는 그대로 더럽고 의로운 자는 그대로 의를 행하고 거룩한 자는 그대로 거룩하게 하라. 보라 내가 속히 오리니 내가 줄 상이 내게 있어 각 사람에게 그가 행한 대로 갚아 주리라"(계 22:11, 12)

제2부

사 랑

1. 울트라 을
2. 사랑의 그림자
3. 자기주심의 봉사
4. 가인과 다윗
5. 호모 루덴스
6. 자기사랑의 역설

1. 울트라 을

> 더 많이 사랑하는 사람이 약자다.

누에는 1500미터나 되는 질기고 긴 실을 뽑아서 거기 들어가 누에고치가 되고 사람은 누에고치에서 다시 1500미터의 실을 뽑아 비단을 짭니다. 하나님은 창세기부터 계시록까지 이어지는 질기고 긴 사랑으로 아브라함을 택하시고 다윗을 세우셨으며 예수 그리스도 안에서 우리를 부르셨습니다. 미국과 캐나다 국경에 있는 나이아가라 폭포는 1분에 1억 5천만 리터의 물이 쏟아집니다. 하나님의 사랑은 이렇게 폭포수처럼 매일 우리 마음에 부어집니다(롬 5:5).

말라기를 시작하면서 하나님이 "내가 너희를 사랑하였노라" 하시자 이스라엘은 믿을 수 없다는 듯이 반문했습니다. "주께서 어떻게 우리를 사랑하셨나이까?" 하나님은 거룩한 상처를 입으시고 400년 동안 침묵하였습니다. 그리고 그 질문에 답을 주시기 위해 밤하늘에 별 하나도 볼 수 없는 깜깜한 역사의 흑암을 뚫고 그리스도께서 오셨습니다. 그리스도는 십자가에서 두 팔을 벌려 "내가 너희를 이렇게 사랑하였다"(요 3:16)하고 행동으로 대답하셨습니다.

여호와는 질투하시는 하나님입니다(엘 카나). 질투는 (시기심과 다르게) 사랑을 지키려는 '열정'입니다. 하나님의 사랑을 떠나는 것은 물고기가 물을 떠나는 것과 같기 때문에 사랑하는 사람을 지키려는 '하나님의 열정'이 의인화되어 '질투'로 표현되었습니다. 질투하시는 하나님의 사랑은 죽음같이 강하고 그 사랑을 지키시려는 열심 또한 불처럼 뜨겁습니다(아 8:6). 하나님을 떠난 인생이 고단한 이유는 하나님이 질투하여 부르시기 때문입니다. 하나님을 떠나도 아무 일이 안 일어난다면 그는 이미 심판을 받은 사람입니다.

우리를 끝까지 사랑하시는 질기고 긴 하나님 사랑의 본질은 '자비'입니다. '사랑'을 의미하는 단어 '자비'는 히브리어 성경에서는 오직 하나님을 수식하는 데만 사용하였습니다. 이 단어는 자궁을 뜻하는 '레헴'이 어근입니다. 이 단어만을 놓고 볼 때 자비로운 사랑은 지금 당장 조치를 취하지 않으면 죽을 수밖에 없는 핏덩이를 향한 어미의 마음입니다. 한자에서는 '자비'를 사랑과 슬픔을 병행해서 썼는데 아마 애절한 사랑을 표현하기 위함인 것 같습니다. 어거스틴과 바르트의 말대로 하나님의 사랑은 대상을 창조하시는 사랑입니다. 사랑할 만해서 사랑하시는 것이 아닙니다. 사랑으로 부르시고 사랑 받을 만한 사람으로 만들어 가시는 창조 행위입니다.

구속은 하나님이 사랑하는 사람의 약자가 되어 인간 편에 서신 사건입니다. "사람에게 비는 하나님"이라는 책에서는 하나님이 사람에게 빌기까지 하십니다. 아이들이 밥을 안 먹겠다고 떼를 쓸 때가 자주 있습니다. 굶으면 분명히 자식의 배가 고픕니다. 그런데 부모가 어르고 달래서 심지어 용돈을 주어가며 밥을 먹게 하는 이유가 무엇입니까? 오직 자식을 위하는 부모의 마음 때문에 수학적 계산은 아무 의미가 없습니다.

사회심리학에 "최소관계의 법칙"이라는 것이 있습니다. 많이 사랑하는 쪽이 덜 사랑하는 쪽보다 약자일 수밖에 없다는 이론입니다. 어떤 둘 사이의 관계에서 서로 갈등이 생겼을 때 먼저 손을 내미는 쪽은 잘못한 사람이 아니라 그 관계를 지키고 싶어 하는 사람입니다. 사랑하고 성숙한 사람은 언제나 약자일 수밖에 없습니다. 인간관계에서 덜 매이고, 덜 사랑하는 사람이 언제나 유리한 입장에 서게 되어 있습니다. 도스토예프스키는 "사랑, 그것은 타인에게 우리를 박해할 권리를 주는 것이다"고 했습니다.

약탈자 야곱의 또 다른 이름은 이스라엘입니다. 하나님과 겨루어 이겼다는 뜻입니다. 과연 야곱이 하나님을 이겼을까요? 아닙니다. 야곱이 하나님을 이겼다는 것은 하나님이 야곱을 그만큼 사랑하셨다는 뜻입니다. 그러므로 야곱에게 하나님은 울트라 을이고, 야곱은 하나님께 슈퍼 갑입니다. 사랑하면 사랑하는 대상에게 약자가 됩니다. 사랑은 대상을 힘으로 굴복시키거나 이길 수 없습니다. 야곱이 하나님을 붙들고 늘어진 것 같지만 사실은 하나님이 야곱을 떠나지 못하셨습니다. 하나님은 야곱 앞에서 망설이셨습니다.

강한 구심력을 가진 야곱의 자기중심성을 향해 하나님이 일격을 가하실 때도 사랑이 나타납니다. 야곱의 환도뼈는 육신의 아말렉을 상징합니다. 야곱의 환도뼈는 성령을 거스르는 본능의 뿌리와도 같은 것입니다. 야곱을 조건 없이 사랑하시고 받아주시지만 야곱 안에 있는 육신의 아말렉, 즉 야곱을 불행에 빠뜨리고, 집착하게 함으로 삶을 좌우하는 육체의 정욕을 하나님은 제거하기 원하셨습니다. 그리고 그 자리에서 야곱의 이름을 바꾸어 주셨습니다. 야곱이 자기의 힘으로 이스라엘처럼 살라는 뜻이 아닙니다. 그것은 하나님의 의지며 꿈이며 약속입니다. 하나님이 야곱의 인생에 간섭하심으로 그 안에서 소원을 두고 행하셨으며 이렇게 착한 일을 시작하신 분이 마침내 이스라엘을 만들어내셨습니다.

야곱은 속이고, 편법을 쓰고, 우유부단했습니다. '자연도태설'이라면 야곱 대신 오히려 남자다운 면모를 가진 에서가 선택을 받아야 합니다. 그러나 하나님은 반대로 에서를 미워하시고 더 약하고 더 못나고 모자란 야곱을 사랑하셨습니다.

하나님은 야곱과 같은 우리들을 똑같은 방식으로 택하시고 부르시고 사랑하십니다(고전 1:26). 하나님과 누렸던 사랑의 이야기가 뺨을 타고 눈물이 되어 골고다 언덕을 지나면 예수의 보혈이 핏빛으로 물들였던 기드론 골짜기로 흘러갑니다. 그리스도는 그 눈물을 위해 죽으셨습니다. 그 사랑이 없었다면 우리는 사랑이 무엇인지 몰랐을 것입니다. 알려고 하지도 않았을 것입니다. "이토록 못난 날, 이토록 약한 날 위해" 십자가를 선택하셨기 때문에 우리가 비로소 사랑을 알고 우리도 조금 누군가를 사랑할 수 있게 되었습니다.

"사랑을 받아야 사랑을 알고, 사랑을 알아야 사랑을 하고, 사랑을 해야 사랑을 받습니다."

2. 사랑의 그림자

그림자를 보면 실체가 보인다.

사랑의 이면은 사랑이 만든 그림자가 있습니다. 생텍쥐페리의 소설 "야간비행"에서 항공사 본부장 리비에르는 초급 조종사에게 말했습니다. "당신의 부하들을 사랑하시오. 하지만 그들이 알지 못하게 사랑해야 하오" 사람을 곱게 양육하면 자식인 체하는 종처럼(잠 29:21) 되고 사랑 받지 못하면 시들고 사랑하면 말을 듣지 않습니다. 눈에 콩깍지가 씌운다는 핑크렌즈 효과가 일으키는 남녀 간의 사랑을 플라톤은 일종의 '정신병'이라고 하였습니다. 남녀가 사랑에 빠져 정신을 못 차리는 현상을 100일 간의 폭풍이라고 합니다. 사랑이 무모해지는 이유는 사랑을 하는 것이 아니라 사랑에 빠져 허우적거리기 때문입니다. 100일이 지나면 언제 그랬냐는 듯이 현실적이 됩니다.

영국의 헨리 8세는 왕비의 시녀와 결혼하기 위하여 왕비의 친정과 국교를 단절하고 수장령을 공포하면서 이혼을 하였습니다. 그의 불같은 사랑은 3년을 가지 못하고 식었기 때문에 그는 왕비를 처형하고 또 다른 여인과 결혼합니다. 미국 코넬 대학의 인간행동

연구소의 연구결과에 따르면 남녀 간의 가슴 뛰는 사랑은 18~30개월이면 사라집니다. 대한민국 여성들의 경우는 결혼으로 발생한 삶의 만족도가 2년 후 결혼 이전으로 돌아간다는 연구가 있습니다. 결혼 후 5년이 지나면 소파를 볼 때와 배우자를 볼 때 분비되는 호르몬이 동일하다고 합니다.

인간의 사랑에 드리우는 그림자는 결국 인간이 누군가를 사랑하는 것이 아니라 의존할 대상을 필요로 하는 것이며 자기추구의 연장이라는 사실을 증명합니다. 니그렌은 이러한 인간의 사랑을 에로스로 종합하면서 그 본질이 자기추구에 있다고 하였습니다.

동방교회가 주로 사용하던 부정논증으로 사랑을 다시 정의하면 이렇습니다. 유년기에 생각하는 사랑의 반대는 미움입니다. 미워하지만 않으면 사랑입니다. 사춘기에 느끼는 사랑의 반대는 무관심입니다. 청년기 사랑의 반대는 동정입니다. 정 때문에 울고 정 때문에 결혼합니다. 신혼기의 사랑의 반대는 게으름입니다. 어디선가 없던 힘이 솟아나며 사랑의 노예가 됩니다. 중년기의 사랑의 반대는 사랑입니다. 내가 사랑이라고 믿었던 것이 필요에 의한 자기추구였다는 것을 깨닫습니다. 노년기 사랑의 반대는 망각입니다. 사랑하고 사랑 받았던 기억을 내 머리 속의 지우개가 다 지워버립니다. 정신 의학자인 스코트 팩은 "아직도 가야 할 길"에서 말했습니다.

"사랑에 빠진다는 것은 진정한 의미에서 사랑이 아니다. 한 쌍의 연인이 사랑에서 빠져나올 때 그들은 그때서야 비로소 참사랑을 시작한다."

니체는 말했습니다. "엄마는 대게 자기의 자식을 사랑한다기보다 자식 속의 자기를 사랑하고 있다" 온갖 악행을 저지르는 사람도 자기 자식에게는 지극 정성을 다하는 것을 보면 자식사랑이 결국 자기 사랑의 확장이라는 증거입니다. 이렇게 인간이 하는 사랑의 이면에 짙은 그림자를 직면하고 나면 진정한 사랑에 갈증을 느끼면서 하나님의 사랑에 눈을 뜹니다. 그림자가 드리워진 인간의 사랑이 진정한 하나님의 사랑으로 나아가는 몽학선생이 되는 것입니다.

하나님의 사랑, 아가페는 순종해야 할 명령이고 배워야 할 지식이며 연습해야 할 기술입니다. 고린도전서에서 정의하는 사랑은 '오래참고'로 시작하여 모든 것을 '참으며' 모든 것을 믿으며 모든 것을 바라며 모든 것을 '견디느니라'로 마무리 됩니다(고전 13:7). 참는 것은 사람을 인내하는 것이고 견디는 것은 사랑하는 사람으로 인해 만들어진 환경을 인내하는 것이며 믿는 것은 허물과 연약함을 덮어주는 것이고 바라는 것은 기대를 저버리지 않고 기다리는 것을 말합니다. 이러한 시간의 길이 속에서 설레는 사랑은 섬기는 사랑으로 안착합니다.

휴대폰이 없던 시절 늦깎이 결혼을 한 지방대학의 어느 교수는 신혼 초 강의를 마치고 귀가할 때 고속도로 휴게소에서 공중전화로 아내에게 전화를 했다고 합니다. 신혼 초에는 항상 기본요금의 10배가 들었습니다. 그런데 시간이 지나면서 점점 기본요금으로 해결이 되었다고 합니다. 시간이 지날수록 이심전심으로 말하지 않아도 통하는 부분이 많아서입니다. 사랑이 식은 것은 사실이지만 사라지지 않고 냉철해진 것입니다. 가슴 두근거리는 사랑은 시간이 지나면서 고도로 치밀한 심리학적인 과정을 거치며 원숙하고 안정적인 사랑으로 자리를 잡습니다.

심리학자 엡스타인은 "사랑이란 신비로운 감정이 아니며 마술처럼 시작되는 단 한 사람의 운명적 상대란 처음부터 존재하지 않는다"고 전제한 뒤 사랑은 심리학적 원리에 따라 발전하며 연인처럼 행동함으로써 연인을 향한 사랑의 감정이 생긴다고 하였습니다. 사랑하고 싶다면 먼저 사랑한다고 말하고, 손을 잡거나, 따뜻하게 대해 주라는 뜻입니다.

흔히들 인생을 여행이라고 하는데 여행이라는 말의 어원은 로마시대의 고문도구였던 형틀입니다. 그러나 고통스런 여행을 덜 고통스럽도록 하나님은 사랑하는 사람을 동반자로 붙여 주십니다. 이 동반자를 흔히 '소울 메이트'라고 하는데 젊어서는 '연인'(lover)이고 중년에는 '말 벗'(listener)이며 노년에는 '간호사'(healer)입니다. 부부가 나무에 물을 주듯이 서로에 대한 사랑을 키우고 잘 가꾸면 여행의 끝에서 당신 때문에 인생이 풍부해졌고 많이 성장했다고 말할 수 있습니다.

하나님은 당신 안에 있는 아가페를 순종의 명령으로 주셨습니다. 꽃은 누구나 좋아하기 때문에 꽃을 좋아하라고 명령하지 않지만 진정한 사랑은 본능으로 되지 않기 때문에 하나님은 "사랑하라"고 명령하십니다. 단순히 좋은 것이 사랑이면 왜 오래 참으라고 요구하고 사랑하라고 명령을 하겠습니까? 마음에 없는 사랑이라 할지라도 이 명령에 순종하면 그것은 위선이 아닙니다. 원수를 좋아하지 않지만 명령이기 때문에 사랑해야 합니다. 이상형이 아니어도 결혼한 사이라면 순종함으로 사랑을 만들어가야 합니다. 아가페는 그 대상이 원인이나 조건이나 이유를 갖고 있으면 안 됩니다. 사랑은 그 자체로 사랑이어야 하고 조건을 초월해야 합니다.

　　진정한 의미의 사랑은 타오르는 열정이 아니라 십자가에서 자기를 내어주신 구체적인 사건입니다. 십자가에 나타난 사랑으로 우리는 사랑을 알았고 거기서 공급하시는 능력으로 누군가를 사랑할 수 있게 되었습니다. 인류를 사랑하지는 못해도 지금 여기 내 앞에 있는 사람에게 조금 만 더 친절하게 말하고 행동하면 십자가의 사랑이 전해질 것입니다.

　　나아가 하나님을 사랑할 수도 있습니다. 하나님의 그림자를 알기 때문에 하나님을 사랑한다는 말이 쉽지 않습니다. 화상을 입을 정도로 뜨겁고 감동적인 사랑에 반응하고 싶은데 자기 외에는 사랑해 본 적이 없는 우리가 어떻게 하나님을 사랑할 수 있습니까? 테레사 수녀처럼 좌절하고 울 뿐입니다.

　　"주여 저는 당신을 사랑하고 있지 않습니다. 주여 당신을 사랑하기를 원하지도 않습니다. 오! 주여 저는 당신을 사랑하기를 원하기를 원하나이다."

　　이 고백이 바로 우리의 현실입니다. 그러므로 우리는 성령을 통해 부어주시는 하나님의 사랑을 요청해야 합니다. 성령은 우리의 굳은 마음을 제거하고(겔 36:26), 순종하게 하여(겔 36:27) 무한한 사랑의 자원을 우리의 영에 부어주십니다(롬 5:5). 그 때 비로소 이성에게 끌리고 핏줄이 당기듯이 하나님의 사랑에 강권하심을 입어서 사랑의 세레나데를 부를 수 있습니다. 마치 초막절에 제사장이 실로암 못에서 금 주전자에 물을 담아 수문을 지나 제단에 일곱 번 부은 것처럼 우리 마음에도 성령을 부으시면 완고한 마음이 녹고 입술에 마비가 풀리면서 어거스틴처럼 하나님을 더듬더듬 사랑한다고 말할 수 있습니다.

　　"너무나 늦게 오, 주님. 너무나 늦게 제가 당신을 사랑하게 되었나이다."

3. 자기주심의 봉사

예배는 하나님의 자기주심의 봉사다.

우리 중에는 하나님을 경배와 영광만 받기 원하는 이기적이고 고집스런 노인으로 생각하는 경우가 많습니다. 심한 경우 완고한 분을 위해 절벽 위의 꽃이라도 꺾어 바쳐야 한다고 생각합니다. 이러한 생각은 하나님의 영광을 가리는 일입니다.

하나님의 존재방식은 당신을 내어주시는 것입니다. 생명과 호흡과 우주만물을 우리에게 주시고 아들까지 주셨습니다. 독립을 선언하고 그 자리를 박차고 나간 그 자리까지 찾아오셔서 자격 없는 자에게 구원을 선물로 주셨습니다. 내가 가진 소중한 것들은 모두 하나님이 주신 것들입니다. 내가 가진 것 중에 받지 않은 것이 없습니다(고전 4:7). 대지에서 나는 곡식들, 형형색색의 산과 하늘, 그리고 풍성한 과일과 넘쳐나는 먹거리들은 모두 하나님의 인간에 대한 서비스(자기주심)입니다.

"살아있는 신"의 저자인 켈러는 요나단 에드워드의 삼위일체 하나님의 내적인 삶을 묵상하면서 서로에게 사랑을 쏟아 붓는 인격들의 공동체가, 하나님의 내부에 있기 때문에, 하나님의 존재는 타인지향적일 수밖에 없다는 결론을 얻었습니다. 하나님은 자신의 내부에 있는 어떤 결함이나 결핍을 고치기 위해서가 아니라, 완전한 내적 소통을 확장하고, 거기서 파생되는 기쁨과 행복과 즐거움을 피조물에게 나누어 주시고자 인간을 창조하셨다는 것입니다. 씨 에스 루이스가 말한 바와 같이 하나님과 인간의 모든 관계 전후에는 자신을 순수하게 내어주신 하나님의 행위가 심연처럼 입을 벌리고 있습니다.

그러므로 오늘 우리가 드리는 예배는 아들까지 내어주신 하나님의 자기주심 또는 자기주심의 봉사로 시작되었습니다. 우리가 예배를 드린다고 생각하지만 하나님의 자기주심이 앞서 있습니다. 캘빈(Calvin)은 기독교강요에서 "하나님을 경배할 때 이 제사(드림)의 유익은 우리에게 돌아온다."고 명시했습니다. 우리의 드림이 한 방울의 물이라면 주심은 그 한 방울을 품고 있는 바다와 같습니다.

아담의 이름은 '붉은 흙'을 원형으로 하며 인간(human)의 라틴어 어근은 '땅'(hum, humili) 또는 '흙'(humus)입니다. 흙에서 와서 흙으로 돌아가는 인간의 근원에 대한 자각에서 예배가 시작됩니다. 하나님은 창조주시며 우리는 피조물입니다. 하나님은 하늘에 계시고 우리는 땅에 있습니다. 그러므로 하나님이 찬송과 영광을 요구하시는 것은 선이고 인간이 선하신 하나님을 예배하지 않는 것은 자기 존재를 부정하는 것입니다.

공식적인 예배는 에노스 때부터 시작되었는데 에노스는 '약하다'는 뜻입니다. 약하다는 것은 상처 입기 쉬운 존재라는 뜻입니다. 하나님은 연약한 인생을 예배로 불러 그룹치료를 행하십니다. 그룹치료는 사후보장서비스처럼 고장 난 인생을 고치시려는 제도적 장치입니다. 인간의 사후보장서비스와 다른 점이 있다면 거기에는 기간이나 한계가 없는 평생보장이라는 사실입니다. 심지어 자기 과실에 대하여도 책임져 주시는 고장 나기 쉬운 인생의 보장입니다. 그러므로 예배를 회피하는 것은 단순한 게으름이 아니라 연약한 인간이 하나님 없이도 살 수 있다고 큰소리치는 독립선언입니다. 예배를 버리면 인간은 메마르고 죽어가며 결핍에 떨어집니다. 예배가 없는 영혼은 빛이 없는 어둠이 기다립니다.

하나님은 마치 실버스타인이 그린 아낌없이 주는 나무와 같습니다. 예배의 시작은 인간이 아니라 하나님입니다. 예배는 오직 하나님이 은혜에서 차단된 우리에게 은혜를 공급하시기 위해 마련하신 화해의 방편입니다. 예배를 통해 하나님이 우리를 치유하시고 새 힘을 주시며 그리스도인으로서의 삶을 격려하십니다. 우리는 예배에서 힘을 얻고 거기서 주신 말씀으로 무장하여 다시 삶의 광야에 도전합니다.

루터교 신학자며 독일 하이델베르크 대학의 교수였던 피터 브루너는 예배를 '하나님의 인간에 대한 봉사와 인간의 하나님께 대한 봉사'로 정의하였습니다. 즉 예배의 시작은 우리의 구원을 위해 하나님의 전부를 희생하신 하나님의 자기주심, 그리고 은혜 안에서 자신을 인간의 수준으로 드러내시고 만나주시는 하나님의 자기주심이며 계시입니다.

인간이 예배를 드리기 위하여 하나님께 나가면 그곳은 하나님의 서비스(자기주심)와 인간의 서비스(예배드림)가 절묘하게 만납니다. 이 때 예배하는 인생뿐 아니라 인격과 영혼이 치유되고 그가 속한 공동체가 회복됩니다. 그 땅도 고침을 받습니다. 교회와 가정이 회복되며 하나님의 나라가 임하고 예배를 통해 주시는 은혜는 사회와 직장과 가축에까지 미칩니다.

　또한 예배는 친밀감으로의 초대입니다. 예배의 원어 중에는 '입맞춤'이라는 뜻도 있습니다. 그 사이에 끼어드는 모든 것은 우상입니다. 하나님은 최고의 낭만주의자입니다. 우리의 하나님은 솔로몬이 술람미 여인에게 그렇게 하신 것처럼 우리를 향해 구애하고 유혹하여 불러내고 노래하면서 우리를 무한한 기쁨이 있는 당신의 곁으로 부르십니다. 이렇게 하나님을 가까이 함이 내게 복이며 예배에 나타나시는 하나님이 최고의 보상입니다.

4. 가인과 다윗

예배자의 계보는 시간의 제국이며 영적인 문명이다.

예배자는 죽지 않습니다. 한 예배자를 죽이면 하나님이 다른 예배자를 세우십니다. 아벨은 순교했지만 셋이 그 제단에 등장했습니다. 가인의 후손은 문명을 건설하고 셋의 후손은 시간의 건축가였으며 예배자들이었습니다. 셋의 후손은 가인의 후손이 건설한 문명을 이용하면서 예배에 집중했습니다. 다윗은 이러한 예배자의 문명을 계승하였습니다.

예배자는 시간의 제국을 의미하는 영적인 문명의 건설자들입니다. 우리의 예배는 허공에 사라지지 않고 사람을 세우고 역사를 치유하며 구속사의 맥을 이어갑니다. 다윗의 장막이 대표적입니다. 다윗의 장막은 여호와의 아름다움을 사랑하는 것뿐 아니라 춤을 추면서 그 사랑을 기쁨으로 표현했던 예배의 장막이었습니다. 다윗의 가슴을 뛰게 만든 기쁨과 즐거움의 원천은 장막에 있었으며 다윗은 그 장막에서 하나님의 아름다우심을 앙망하고 맛보고 어린아이처럼 즐거워했습니다.

다윗의 왕국은 예배자들을 격려하고 보호하였으며 모든 전쟁을 승리로 이끌었습니다. 다윗의 장막은 다윗의 열쇠를 가지고 열면 닫을 자가 없고 닫으면 열 자가 없는 그리스도께서 세우신 교회를 상징하며 다윗의 왕국이 그랬던 것처럼 교회 역시 음부의 권세가 이기지 못할 뿐더러 작은 자가 천을 쫓고 약자가 강국을 이루게 될 것입니다. 사도행전에서는 신령과 진정으로 예배하는 이 다윗의 장막이 회복되기를 원했습니다.

험준한 산을 오르는 산악인을 위한 베이스캠프가 있는 것처럼 예배의 장막은 녹록하지 않은 삶을 사는 우리 모두의 영적인 베이스캠프입니다. 상처를 입거나 지쳤을 때, 또는 탈진하거나, 넘기 어려운 장벽을 만났을 때 새롭게 시작하기 위하여 머무는 곳입니다. 노련한 등반가는 베이스캠프에서 무엇이 잘못되었는지, 어떻게 다시 시작해야 할지 새로운 전략을 세웁니다. 상처를 치료하고 기력을 회복한 후 그 전략을 가지고 다시 도전합니다. 이와 같이 우리는 예배의 장막에서 한 주간을 돌아보며 무엇이 잘못되었고 어디서부터 어떻게 해야 하는지 생각합니다. 그리고 다시 세상을 향해 파송을 받습니다. 다윗은 이러한 예배의 장막에 들어가는 것이 최고의 기쁨이었습니다.

"온 땅이여 여호와께 즐거운 찬송을 부를지어다. 기쁨으로 여호와를 섬기며 노래하면서 그의 앞에 나아갈지어다. 여호와가 우리 하나님이신 줄 너희는 알지어다. 그는 우리를 지으신 이요 우리는 그의 것이니 그의 백성이요 그의 기르시는 양이로다 감사함으로 그의 문에 들어가며 찬송함으로 그의 궁정에 들어가서 그에게 감사하며 그의 이름을 송축할지어다. 여호와는 선하시니 그의 인자하심이 영원하고 그의 성실하심이 대대에 이르리로다."(시

100:1-5)

　　다윗의 장막과 대조되는 것이 가인의 장막입니다. 가인의 문명 중심에 있는 가인의 장막에는 예배가 없습니다. 그의 예배는 마치 여로보암의 제단처럼 의무만 있을 뿐입니다. 가인은 제단에 자신의 욕망을 투사하여 자기를 예배하였습니다. 가인이 자신이 거둔 소산물로 소제를 드린 것은 문제될 것이 없어 보이지만 그는 마치 예배를 선심 쓰듯이 의무로 액땜하듯이 자부심과 공로의식으로 드리려고 하였습니다. 하나님으로만 채울 수 있는 가난한 마음의 자리를 자신의 야망과 공로의식이 채우고 있습니다.

　　하나님은 내가 무엇인가를 드린다는 생각을 거부하셨습니다. 때로는 양과 소와 그 기름도 싫다고 하셨습니다. 단지 하나님으로만 채울 수 있는 내적 목마름을 원하셨습니다. 그것이 상하고 통회하는 마음이며 가난하고 상한 심령입니다. 그런 이유로 하나님은 가인의 제사를 받지 않으셨습니다. 히브리서에서 그것을 믿음의 문제라고(히 11:4) 한 것은 가인이 하나님과의 관계에 중대한 결함이 있었음을 시사합니다. 가인이 무엇을 간과했는지를 존 스토트는 그의 역작인 "그리스도의 십자가"에서 이렇게 말합니다.

"하나님의 계시된 뜻에 거슬러서, 그는 속죄보다는 예배를 앞에 놓았든지, 아니면 그가 땅의 소산을 바치되 그것을 창조주의 선물에 대한 감사로 바친 것이 아니라 자기가 드리는 선물인 것처럼 왜곡시켜서 드렸을 것이다."

　　가인은 은혜에 관심이 없었습니다. 열심히 농사를 해서 바치면 하나님이 감동해 주시기를 바랐습니다. 자기가 원인이 되어 하나님을 움직이려고 했기 때문에 예배의 필수조건인 가난하고 통회하는 상한 심령이 없었습니다. 예배가 자격이 없는 인생을 위해 베푸신 은혜며, 연약한 인생을 위한 보호막이며, 텅 빈 영혼을 위한 충만함이며, 찢기고 조각난 인생을 위한 병원이며, 속죄를 확인한 후에 누리는 안식의 피난처라는 사실을 생각하지 않았습니다. 전적으로 무능한 자신을 내려놓기 전에 예배를 자기 의와 공로와 경쟁의 수단으로 삼았습니다. 결국 예배가 거절되고, 가인은 아버지를 잃고 방황하는 인생이 됩니다.

예배를 잃어버린 가인의 삶은 두려움이 삼켰습니다. 그가 건설한 문명은 이 두려움에 회칠을 한 것입니다. 보호자가 사라진 가인은 두려움에서 자기를 지키려고 하나님도 허물 수 없다고 생각되는 성을 쌓는 일에 열중했습니다. 그리고 그 안에 고립되어 하나님의 은혜로부터 차단되었습니다.

예배 없는 삶은 단순한 게으름이 아닙니다. 그것은 빛이 차단되고, 생명의 피막이 벗겨지며, 가지가 나무에서 분리되어 말라 버리는 것이며, 사막 한 가운데에 고립되는 것과 같습니다. 물고기가 물을 떠나고, 공중의 새가 바다로 뛰어들고, 기차가 고속도로를 달리는 것과 같은 미친 짓입니다. 가인의 반항과 패역함을 회개하고 예배자로 돌아와야 합니다. 주님만이 나의 필요가 되신다고 하는 가난한 마음과 내게 진정으로 필요한 것은 하나님만 주실 수 있다는 절박함과, 의사를 찾는 병자의 심정으로 제단에 엎드려야 합니다.

5. 호모 루덴스

멋스럽고 경건하게 노는 것이 예배다.

예배는 하나님과 노는 시간입니다. 그것도 멋스럽고 경건하게 노는 것입니다. 의무만 있고 즐거움이 없는 예배를 하나님은 역겨워 하십니다. 웨스트민스터 요리문답의 일문일답에서 하나님을 영화롭게 하는 것과 하나님을 즐거워하는 것은 균형을 이루고 있습니다. 예배는 일하는 시간이 아닙니다. 그 시간에는 자신의 피와 땀으로 살던 사람이 일을 멈추고 하나님을 즐거워하며 받은 복을 누리고 그 사랑을 향유하는 것이 전부입니다. 그 시간에 그 어떤 계산이나 걱정, 살아갈 궁리를 해서는 안 됩니다.

1966년 한 건축학도가 아내와 어머니를 살해하고 텍사스대 타워에 올라가 조준사격으로 임산부를 포함 15명을 살해하고 31명에게 상해를 입혔습니다. 당시 이 사건은 가정 내 학대로 인한 충동적 범죄로 마무리가 되었지만 그로부터 40년이 지나서 한 정신의학자에 의해 재조명 되었습니다. 찰리 위트맨이라는 이 사람은 어려서부터 아버지가 가두어 놓은 상자 밖을 나오지 못했으며, 같은 또래의 아이들과 즐길 수 있는 모든 놀이로부터 단절되었고, 늘 쓸모 있는 무엇인가를 강요당했습니다. 심지어 집에 놀러 온 어른들을 위해 피아노 연주를 하거나 묘기를 선보여야 했습니다. 이렇게 어린 시절, 놀이의 부재가 끔찍한 분노의 폭발로 이어진 것입니다.

문화사학자인 호이징아는 인간을 '호모 루덴스' 즉 '놀이하는 인간'으로 규정하고 즐거움과 흥겨움을 동반하는 가장 자유롭고 해방된 활동, 즉 삶의 재미를 적극적으로 추구하는 놀이가 법률, 문학, 예술, 종교, 철학을 탄생시키는 데 깊은 영향을 끼쳤다고 하였습니다. 그러나 현대에 이르러서는 일과 놀이가 분리되고, 단순히 놀기 위한 놀이는 퇴폐적인 것으로 변질되었다며, 고대의 제의와 같은 신성하고 삶이 충만한 놀이정신의 회복과 함께, 놀이에 따르고, 놀이에 승복하며, 놀이를 제대로 이해하는 것이야말로 문명을 빛나게 한다고 하였습니다. 우리 조상들은 '풍류'를 중요하게 생각하고 '풍류도'라고 하는 도의 경지로 끌어올렸습니다. 풍류란 멋스럽게 노는 것, 천박하거나 세속적이지 않으며 운치가 있는 가무 등을 말합니다. 이런 '풍류'에서 '한류'가 탄생한 것 같습니다.

구약의 제사는 인간의 몸과 영혼을 동원해서 드리는 하나의 축제요 만남이었습니다. 거기에는 하나님과의 관계의 회복을 즐기는 놀이의 요소가 포함되어 있었습니다. 하지만 청교도 시대를 거치면서 놀이는 예배를 방해하고 노동, 절약, 절제, 가족에 대한 헌신, 온건한 태도, 기본적인 사회적 의무로부터 벗어나게 한다는 이유를 들어 배척을 당했습니다. 엄숙주의가 모든 예배를 지배하였습니다.

그러나 노는 것은 죄가 아닙니다. 다윗의 제사는 인간의 몸과 영혼을 동원해서 드리는 축제며 만남이었습니다. 언약의 궤를

옮길 때 다윗과 이스라엘 온 무리는 하나님 앞에서 힘을 다하여 뛰놀며 노래하며 수금과 비파와 소고와 제금과 나팔로 연주하였습니다(대상 13:8). 품위를 지켜야 할 왕의 위치도 잊어버리고 기뻐서 춤을 추었기 때문에 옷이 벗겨지는 것도 몰랐습니다. 다윗에게 이런 예배가 가능했던 이유는 그가 하나님을 사랑했기 때문입니다. 시 에스 루이스는 "시편 사색"에서 다윗의 시편의 가장 큰 가치는 다윗을 춤추게 만드신 하나님을 향한 즐거움의 표현에 있다고 하였습니다.

예배는 부활의 축제가 되어야 합니다. 하나님을 입술로 찬양하고 마음으로 춤을 추면서 그가 하시는 말씀에 귀를 기울여야 합니다. 이런 예배를 바라보는 세상 사람들은 말할 것입니다. "너희 가운데 하나님이 계신다"(고전 14:25)

6. 자기 사랑의 역설

자기사랑은 나르시시즘과 다르다.

자기애적인 위험 때문에 자기사랑이라는 말 자체에 거부감을 느끼는 경우가 많습니다. 그러나 자기애적인 성격과 자기사랑은 다릅니다. 자기애(나르시시즘)는 자아도취의 정신 병리입니다. 그러나 자기사랑은 나 자신이 나의 것이 아니므로 내 마음대로 미워해서는 안 된다는 주권의 차원입니다.

사회심리학자 에리히 프롬은 "이기주의와 자기사랑"에서 우리가 자기사랑을 주저하는 원인을 교회사에서 찾았습니다. 그에 따르면 캘빈은 자기 자신은 찬양하고 다른 사람은 비교적 무시해도 된다는 식의 자기사랑은 전염병과 같은 것이라고 하였고 어거스틴은 "하나님의 도성"에서 세속도시는 하나님을 경멸하는 자기사랑으로 건설되었다고 했습니다. 철학자 임마누엘 칸트는 합리적인 자기사랑마저 제한했습니다. 권면적 상담학자인 제이 에덤스는 자기사랑을 심리학자들이 만든 제 3계명이라고 비판하면서 그 어떤 형태의 자기사랑도 여지를 두지 않았습니다. 디모데후서 3장 2절에서는 자기사랑을 말세의 징표에 포함시켰습니다. 그러나 에리히 프롬이 주장하는 자기사랑은 이러한 파괴적인 개념이 아니라 자신의 성장을 위해 적극적인 관심을 갖고 노력하는 인격적 성숙을 의미합니다.

건강한 의미에서 자기사랑은 자존감에 가깝습니다. 자기를 사랑하는 사람은 자기 파괴적인 행동을 삼가고 죄가 자기를 주관하도록 놔두지 않습니다. 자기사랑은 건강한 자아상의 단면이고, 하나님의 형상으로서의 자신을 귀하게 여기는 순종의 한 부분입니다. 자기를 사랑하는 것은 곧 자기 영혼을 돌보는 중요한 과제입니다.

자기를 돌보고 사랑하는 것은 하나님과 이웃을 사랑하기 위함입니다. 네 이웃을 네 몸과 같이 사랑하라고(마 22:29) 하신 것처럼 일단 나를 사랑해야 남을 사랑할 힘이 생깁니다. 자기를 미워하는 사람이 나른 사람을 사랑하기는 어렵습니다. 오히려 자기를 죽도록 미워하는 것은 우리를 보배롭고 존귀하게(사 43:4) 하셔서 하나님의 특별한 보물이(세굴라/출 19:5) 되게 하신 하나님께 대한 반항입니다. 우리가 미워하고 죽여야 할 자기는 하나님을 거부하고 자기를 주장하는 아담적 자아를 말하며 하나님이 없이 독립적으로 살아가려고 하나님의 생명으로부터 떠나 있는 옛사람을 말합니다. 그것을 엄격하게 구별해야 합니다.

캘빈이 존경했던 인물이며 마지막 교부로 알려진 12세기 중세 프랑스 클레르보의 베르나르도에게 있어서 하나님을 사랑하는 이유는 단순합니다. 하나님이 바로 하나님 자신이기 때문입니다. 그 어느 누구도 하나님보다 더 사랑을 받을 가치는 없습니다. 그럴 만한 가치가 없는 우리를 먼저 사랑하시고 우리를 위하여 자기를 주셨기 때문에 사랑 받을 자격이 있으십니다. 그는 이렇게 하나님을 사랑하는 사람은 반드시 자기 자신을 사랑해야 한다고 했으며 그 단계를 네 가지로 나누었습니다.

첫째는 자기를 위해서 자기를 사랑하는 자기애적인 단계입니다. '자기애' 또는 '나르시시즘'은 자기에게 몰입되어 거기에 집착합니다. 사물을 섬기고 사람을 이용 합니다. 이와 같이 자기애적 단계에서 자기에게 몰두하고 집착하는 것은 모든 정신병리의 원인입니다.

둘째는 자기를 위해서 하나님을 사랑하는 단계입니다. 우리는 모든 일이 잘 풀리고 어려움이 없을 때 내가 잘나서 그런 것이라고 생각합니다. 그러다 갑자기 어려움이 닥치면 본능적으로 하나님을 찾습니다. 평안할 때는 하나님을 잊어버립니다. 기도가 응답 되지 않으면 하나님께 대한 신뢰를 거두고 기대조차 하지 않는 냉담함을 보입니다. 사물을 섬기고 하나님을 이용합니다.

셋째는 하나님을 위해 하나님을 사랑하는 단계입니다. 우리는 끊임없이 하나님께 나가는 중에 하나님의 은혜를 맛보고 그것이 반복되면서 하나님이 얼마나 좋으신 분인지를 깨닫습니다. 우리가 필요해서 하나님을 사랑하는 단계를 지나 하나님을 순수하게 사랑하는 단계에 이릅니다. 이 단계에 이르면 이웃을 내 몸과 같이 사랑하라는 둘째 계명도 실천할 수 있게 됩니다. 거저 받았으니 거저 주는 것입니다. 그리고 하나님의 말씀도 자발적으로 순종하기에 이릅니다. 대가를 바라거나 사심이 없기 때문에 순수합니다. 하나님이 나에게만 선해서 찬양하는 것이 아니라 하나님 자체가 선하신 분임을 알기에 현실에 상관없이 찬양할 수 있습니다. 그러므로 하나님을 위해 하나님을 사랑하는 것은 순교자의 영성입니다.

네 번째 단계는 하나님을 위해서 자신을 사랑하는 성숙한 신앙의 단계입니다. 이 단계가 되면 자신을 내세우지 않으며 자신을 의식하거나 자신을 영화롭게 하려는 생각을 포기하고 온전히 자신을 내려놓습니다. 자신을 높이고 첫째에 두는 것이 얼마나 공허하고 삶을 고통스럽게 하는지 알기 때문에 뜻이 하늘에서와 같이 땅에서도 이루어지기를 바라는 마음으로 하나님의 뜻과 나의 뜻이 일치하기를 구합니다.

나보다 나를 더 사랑하시는 하나님 아버지의 마음을 알고 신뢰하기 때문에 나를 보배롭고 존귀하게 여기시고 사랑하시는(사 43:4) 하나님과 동일한 시각으로 자신을 바라봅니다. 자기의 약점과 비열함과 죄성을 자각하지만 하나님의 은혜가 더 크다는 것을 압니다. 스스로를 자책하는 것보다 하나님의 사랑과 통치를 더 많이 간구합니다. 죄 가운데서도 자포자기에 굴복하지 않고 하나님의 사랑을 확신하여 다시 일어납니다. 청교도 설교지인 리치드 십스도 이런 말을 남겼습니다.

"그리스도인은 자신을 위해 하나님을 사랑하는 것으로 시작하지만, 하나님을 위해 자신을 사랑하는 것으로 끝을 맺는다. 결국 그의 끝과 하나님의 끝은 하나가 된다."

나아가 자기사랑은 사랑받기 위한 노력을 동반합니다(잠 19:22). 로마시대 시인이었던 오비디우스는 "사랑받기 원한다면 사랑스러워라"라고 했습니다. 타인이 나를 무조건 사랑해주기를 기대하는 것은 심지 않고 거두려는 것과 같습니다. 하나님은 모두를, 조건 없이 사랑하시지만, 하나님께 순종하는 사람을 더욱 큰 기쁨으로 사랑하십니다. 반면에 이기적이고 유아기적인 영을 소유한 사람은 안타깝게 사랑하십니다.

　그러므로 하나님이 만면에 웃음을 띠고 흐뭇해하시는 모습을 보려면 자신의 영적인 성장을 통해 매력을 가꾸고 사랑으로 넘치는 성숙이 뒤따라야 합니다. 하나님을 사랑하기 위해 자기를 사랑하는 사람은 자기의 영혼에 가장 큰 복락이 되는 하나님 자체를 목적으로 둡니다. 그것이 하나님을 위해 자기를 사랑하는 가장 좋은 방법입니다.

제3부

자아상

1. 절대거울
2. 미추의 기준
3. 자존심과 자존감
4. 자신감의 원천
5. 개인의 발견
6. 나의 나 됨
7. 키 작은 거인 아들러
8. 자기와 자아

1. 절대거울

하나님은 자아상의 절대거울이다.

거울이 없으면 자신을 보지 못하는 것처럼 사람은 나를 비추는 대상이 없으면 나 자신이 누군지 알 수 없습니다. 사람은 다른 사람이 반영하고 말하고 반응하는 것을 보고 들으면서 자신의 이미지를 가집니다. 나를 비추는 거울이 오목하면 오목하게 볼록하면 볼록하게 보이는 것처럼 사람들은 나를 있는 모습 그대로 비추지 않고 대부분 나의 참 모습을 왜곡시킵니다.

인도에는 법으로는 금지되었으나 개나 돼지보다 못한 취급을 받으며 살아가는 불가촉천민이 인구의 15%를 차지합니다. 이들은 사람에게 접촉하는 것은 물론이고, 우물에서 물을 마실 수도, 사원을 출입할 수도 없습니다. 외출을 할 때에는 침으로 땅을 더럽히지 않기 위해 진흙으로 된 컵을 턱 밑에 차고 다녀야 합니다. 자신들의 발자국이나 그림자로 더럽혀진 땅을 쓸어서 다른 사람이 지나가는 길을 만들어주기 위해 허리춤에는 빗자루를 매달고 다닙니다. 소년 자다브는 이런 신분의 족쇄를 거부하고 학교에 진학했으며 미국 유학을 마친 후에는 경제학자로서 대학총장이 되었습니다.

그는 자신의 경험을 바탕으로 쓴 "신도 버린 사람들"에서 말했습니다. "인도의 계급 안에서는 스스로를 미운 오리새끼라고 생각하고 생을 낭비하는 수백만의 백조가 있다." 즉 불가촉천민의 문제는 제도 이전에 타인이 강요하는 자아상을 운명으로 받아들이고, 사회적 암시를 사실로 믿으며, 인습을 거부하지 못하고, 다른 사람의 신념을 고스란히 받아들여서 스스로를 천하게 여기는 자아상의 문제라는 것입니다. 자다브는 이런 사회적 강요를 거부하고 자신의 인생을 살았습니다. 그의 아버지는 고등학교에서 자다브를 불가촉천민의 아들이라며 받아주지 않으려고 하자, 교장실에 찾아가 드러누우면서 강하게 반발했습니다.

시장에 팔리지 않던 3만 원짜리 가방이 있었습니다. 어느 날 주인이 심심해서 가격표에 0을 하나 더 붙여 놓았습니다. 그러자 거들떠보지도 않던 손님들이 관심을 보이기 시작하더니 서로 사겠다고 경쟁을 하였습니다. 내가 붙인 꼬리표대로 반응하는 현상을 '라벨효과'라고 합니다. 내가 스스로에게 싸구려 가격표를 붙이는 것은 나를 지으신 하나님을 대적하는 행위입니다.

나는 무한하지 않지만 무가치하지는 않습니다. 나는 완벽하지 않지만 열등하지는 않습니다. 나는 연약하지만 실패자는 아닙니다. 나는 넘어질 수는 있어도 주저앉지는 않습니다. 누군가 나에게 왜곡된 자아상을 강요하려고 하면 자신과 타인, 그리고 사탄을 향하여 분명히 말해야 합니다.

"나는 내가 생각하는 내가 아닙니다(손상된 자아). 나는 다른 사람이 말하는 내가 아닙니다(거울 자아). 나는 사탄이 말하는 내가 아닙니다(왜곡된 자아). 나는 오직 하나님이 말씀하시는 나입니다(건강한 자아)."

우리의 자아상을 수정하려면 제대로 된 거울을 만나야 합니다. 못생기고 매력 없는 사람이라는 자아상을 마녀로부터 강요당한 라푼젤은 감금당한 탑에 침투한 왕자로부터 자신이 아름다운 금발의 미녀라는 말을 듣고 자아상을 수정하고 탑에서 탈출하였습니다. 오리 둥지에서 태어난 아름다운 백조도 다른 오리들로부터 미운 오리새끼라는 자아상을 가졌지만 백조를 만나 자신의 아름다움을 비쳐보고 자신의 이미지를 수정하면서 하늘을 날았습니다.

하나님은 나를 보배롭고 존귀하게 여기시는(사 43:4) 자아상의 절대거울입니다. 우리는 하나님의 형상이기 때문에 하나님을 통해서 우리를 볼 수 있으며 하나님이 말씀하신 내가 진정한 나의 모습입니다. 나를 가장 잘 아시고 나보다 나를 더 사랑하시는 하나님의 눈에 비친 나를 보지 않고는 나를 알 수 없습니다. 하나님을 통해 나를 아는 것은 지식이상의 지식입니다. 캘빈이 말한 바와 같이 나를 아는 것은 하나님을 아는 것이고 하나님을 아는 것은 나를 아는 것입니다. 나를 알지 못하면 하나님을 알 수 없고, 동시에 하나님을 알지 못하면 나를 알 수 없습니다. 성 티에리의 윌리엄이 이런 글을 남겼습니다.

"너 자신을 알라. 너는 나의 형상이기 때문이다. 그러므로 너는 나를 알아야만 한다. 너는 나의 형상이며, 따라서 너는 내게서 너를 발견해야 한다."

인간의 존엄성과 스스로의 자존감의 근거는 바로 이 하나님의 형상이라는 자각에서 시작합니다. 하나님의 창조를 배제하면 인간이 하나님의 형상일 수 없고 아무런 목적도 의미도 없는 우연의 산물이며 내 던져진 존재에 불과합니다. 그리스 신화에서 이해하는 인간은 평생 산 위에 돌을 옮기면 다시 굴러 내리고 그 돌을 다시 올리기를 반복하는 시지포스입니다. 실존주의자들은 인생 자체가 형벌이라고 하였습니다. 붓다는 인생을 고난의 바다가 끝없음을 의미하는 고해(苦海)라고 하였습니다.

성경에서 말하는 인간은 최고의 피조물이며(시 8편) 시적인 걸작이고(엡 2:20) 만물의 상속자며(롬 8:17), 천사들의 부러움의 대상(히 1:5, 13)입니다. 오늘날 우리에게 가해지는 인생의 무게는 왕관의 무게와 같고 주어지는 고통은 상속자의 수업에 가깝습니다. 매일 우리는 거울을 쳐다보면서 알약을 먹듯이 우리의 귀 뿐 아니라 사탄의 귀에도 들리도록 말할 수 있어야 합니다.

"나는 그리스도의 피 값만큼 소중하다. 사탄의 거짓을 탄로 났고 더 이상 나를 속일 수 없다. 하나님은 나를 사랑하시며 완성하고 계신다."

2. 미추의 기준

아름다움은 보는 이의 눈에 있다(속담).

미학에서 파악하는 아름다움은 유의미한 형식입니다. 겉만 가지고 아름답다고 하지 않고 진실하고 선한 의미를 가질 때만 아름다움을 느낍니다. 우리 조상들은 '얼굴'을 '얼(정신)이 몰려 있는 굴'이라고 생각했습니다. 얼굴을 정신이 들어가고 나오는 통로라고 여기고 정신이 나가면 '얼간이'라고 하였으며, 정신이 썩으면 '어리석다'고 하였고 정신이 미성숙하면 '어리숙하다'고 평가했습니다. 하나님은 사무엘에게 겉으로만 사람을 평가하지 말고 중심에 무게를 두고 종합적으로 그 사람을 보라고 하셨습니다.

"… 그의 용모와 키를 보지 말라 내가 이미 그를 버렸노라 내가 보는 것은 사람과 같지 아니하니 사람은 외모를 보거니와 나 여호와는 중심을 보느니라 …"(삼상 16:7)

"내겐 너무 이쁜 당신"이라는 오래 된 프랑스 영화가 있습니다. 흠잡을 데 없는 미모와 지성을 겸비한 아내를 둔 남편이 어느 날 아내와 비교도 되지 않는 볼품없는 여자와 바람을 피웁니다. 아내는 남편이 바람을 피웠다는 사실 자체보다 그 상대가 형편이 없는 여자라는 사실에 자존심이 상해서 당장에 이혼을 합니다. 왜 이 남자는 자신의 아내와 비교도 되지 않는 외모를 가진 여자와 바람을 피웠을까요? 영화는 너무 예쁘기 때문이라고 역설적인 답을 하고 있습니다.

그도 그럴 것이 예쁘다는 소리만 듣고 사는 사람은 남을 칭찬할 줄도, 격려할 줄도 모르고 남의 이야기를 귀담아 듣지 않고, 주목만 받으려고 하며, 자기 밖에 모르는 철부지가 될 가능성이 있기 때문입니다. 아름다움은 잠깐이지만 어리석음은 영원하고 예쁜 것은 내성이 생기면 평준화되지만 미성숙은 시간이 갈수록 밖으로 드러납니다. 솔로몬은 아름다운 여인이 삼가지 않으면 돼지 코에 금 고리 같다고 하였습니다(잠 11:22).

인간의 품격은 자기를 낮추고, 숨기고, 감추면서 다른 사람을 세워주고 격려하고 칭찬하며 박수를 쳐 주는 데 있습니다. 하나님은 이런 사람을 높여 주시고 하나님이 높여주신 사람은 사람도 매력 있게 바라봅니다. 매력과 가까운 단어는 '카리스마'입니다. 독일의 사회학자 막스 베버는 카리스마를 "인간이 가지지 못한 초자연적, 초인간적 재능이나 힘을 일컫는다"고 정의했습니다. 중세에는 그리스도인들의 배후에 있는 후광(아우라)을 카리스마라고 믿었습니다. 다윗은 시편에서 인간의 피부껍질 내부에 빛나는 하나님의 영광을 보았으며 그 인간을 지으신 하나님의 놀라우신 솜씨를 찬양하면서 이렇게 긍정하였습니다.

"내가 주께 감사하오옴은 나를 지으심이 심히 기묘하심이라

주께서 하시는 일이 기이함을 내 영혼이 잘 아나이다."(시 139:14)

　　호사가들에 따르면 루이 15세의 정부였던 퐁파두르 부인은 완벽한 비율과 색깔을 지닌 얼굴을 갖고 싶은 욕심에 너무 집착한 나머지 기력을 소진하여 과로사를 했다고 합니다.

　　반면에 오늘날 우리가 부르는 찬송가에 혁명적인 변화를 불러일으킨 아이작 왓츠가 있습니다. 그의 키는 150센티미터에 왜소한 몸집, 광대뼈가 불거져 나온 데다 병색이 완연한 검붉은 얼굴을 하고 있었습니다. 모든 청혼은 외모 때문에 거절당했습니다. 그런데 그를 가리켜 영국의 대표적인 기독교 지성인은 '갱도를 파고 들어가야 할 깊이를 가진 사람'이었다고 평가했습니다. 그의 이전에는 시편에 곡을 붙인 유대교식 시편 찬송이 전부였습니다. 아이작 왓츠는 계시록 5장에서 어린양을 향한 "새노래"라는 단어에서 그리스도를 향한 새로운 찬송에 대한 꿈을 가졌습니다. 그리고 무려 222주 동안 쉬지 않고 새로운 찬송가의 영감에 사로잡혀 오늘날까지 사랑받는 찬송가를 만들었습니다.

　　유감스럽게도 예수님의 얼굴은 우리가 초상화에서 보는 것과는 딴 판입니다. 예수님은 금발의 백인이 아닙니다. 예수님의 인성은 이스라엘의 인종적 특성과 거친 팔레스타인의 환경과 고난이 만든 보잘것없는 얼굴일 수밖에 없습니다. 이사야가 그것을 이렇게 묘사했습니다.

　　"그는 주 앞에서 자라나기를 연한 순 같고 마른 땅에서 나온 뿌리 같아서 고운 모양도 없고 풍채도 없은즉 우리가 보기에 흠모할 만한 아름다운 것이 없도다"(사 53:2)

사람들은 당시 육체로 오신 예수님을 싫어하고 거부했으며 그를 피하고 그에게서 얼굴을 돌리고 귀하게 여기지 않았습니다(사 53:3). 그러나 그리스도의 내면이 가진 신성이 부활하신 육체에 드러나는 순간 해가 힘 있게 비치는 것 같았습니다. 그의 얼굴을 바라 본 죄인은 회개하였고 사탄은 정체를 드러내고 절망에 처한 사람들은 희망의 빛을 보고 우는 자들은 눈물을 그쳤습니다. 그 안에는 신성의 모든 충만이 육체로 거하셨습니다. 그의 카리스마는 부드러움과 사랑 하나님의 깊이에서 나온 것입니다. 그를 영접하여 내 안에 그리스도가 계심으로 그의 사랑과 온유하심이 밖으로 드러나면 우리도 남다른 카리스마를 가지게 됩니다.

신약성경에서 '카리스마'는 하나님이 영적인 선물로 주신 '성령의 은사'를 말합니다. 그것은 사람을 지배하고 각을 세우는 것이 아닙니다. 소리를 지르고 힘을 자랑하는 남자다움도 아닙니다. "설득의 심리학"에서 '카리스마'는 "상대방의 상상력을 이해하고 도움과 헌신을 고무하는 특별한 능력, 혹은 특성"을 의미한다고 했습니다.

한 연구에 따르면 의사소통의 8%만이 글을 사용한 것이고, 37%는 말을 사용한 것이지만, 나머지 55%는 비언어적 형태라고 합니다. 즉 사람들이 어떤 사람을 보고 느끼는 카리스마가 말이나 글보다 훨씬 더 중요함을 알 수 있습니다. 영적인 카리스마는 성령의 다스림을 받고 성령을 따르며 성령을 좇아 행하는 모든 그리스도인에게 존재하는 영적인 선물입니다.

3. 자존심과 자존감

자존감은 자존심과 반비례 한다.

자존감은 어린 시절부터 사랑받은 기억의 축적입니다. 내가 무엇을 가졌든지, 아니 아무 것도 가진 것이 없어도, 거기에 사랑을 더하면 전부(everything)를 가진 것이며, 모든 것(all)으로 채워진 존재의 충만함(fullness)을 느낍니다. 그러나 인생에서 사랑을 빼면 나는 아무 것도 아니며(nothing, 고전 13:2) 외로움(lonesome)과 공허감(a sense of emptiness)을 느낍니다. 샌포드의 지적대로, 새싹이 된서리를 맞고 피어보지도 못하고 사라지듯이, 사람은 사랑이라는 따뜻한 자양분이 없으면 자존감을 상실한 채, 온갖 신경증에 시달립니다.

미국의 전설적인 여배우였던 마릴린 먼로는 자기가 번 돈은 모두 정신과 의사가 가져간다고 할 정도로 우울증 때문에 병원을 드나들었습니다. 고아였던 먼로는 9살에 입양이 되었는데 의붓아버지로부터 계속적인 성적 학대를 받았으며 생활고 때문에 누드사진을 찍어야 했고 16세에 한 첫 결혼에 실패한 후 여러 차례 자살을 시도하였습니다. 결혼에 실패한 후 재혼해서 아이를 가졌지만 유산을 하고 이혼과 결혼을 반복했습니다. 대중은 그녀를 '천박하고 골빈 금발머리'라고 조롱했습니다. 따귀를 맞은 것처럼 마음에 강타를 당한 먼로는 우울증과 신경쇠약, 무대공포증에 시달리며 자살로 추정되는 죽음을 맞이합니다.

사랑 받지 못하는 사람들, 이용당한 사람들, 버림받고 거절당한 사람들, 마음에 상처를 입은 사람들은 모두가 자신의 가치에 대한 형편없는 감각에 시달립니다. 거절당하고 사랑받지 못한 기억을 가진 사람은 별 의미 없는 타인의 말이나 행동에도 바람을 심어 광풍을 거두는 것처럼(호 8:7) 크게 받아들입니다.

칼 로저스는 심리적인 문제가 심각하여 상담을 받으러 온 수많은 사람들의 핵심은 '그들이 그들 자신들을 경멸하고, 자신들을 무가치하고 사랑 받을 수 없는 것으로 간주하는 것'이라고 하였습니다. 정신의학자로서 현장에서 오랫동안 마음의 병을 앓고 있는 이들을 상담하고 치료해 온 한 크리스천 의사가 임상경험을 바탕으로 쓴 "아스피린과 기도"에서 이렇게 말했습니다.

"지난 십 수 년간의 임상적 경험을 통하여 정신질환이란 한 마디로 사람들이 자기 자신이나 타인을 사랑할 줄 모르기 때문에 발생한다고 믿게 되었다. 특히 어린이가 생후 1년 이내에 부모의 사랑으로부터 어떤 이유에서건 차단되었을 경우 정신병에 걸리게 되는 결정적인 이유가 된다고 본다. 그러므로 역으로 정신질환을 치유하기 위해서는 무엇보다도 사랑이 절실히 요구되며 환자들은 내가 그들에게 관심과 사랑을 쏟는 만큼만 정확하게 회복된다는 사실을 거듭해서 확인하게 되었다."

자존감이 낮은 사람은 사랑받을 수 없다는 현실에 쉽게 좌절하기 때문에 순간의 자제력이 부족합니다. 어린 시절에 알코올 중독자 아버지 밑에서 매를 맞고 자란 사람이 뼈아픈 현실에 대한 분노와 좌절 때문에 낮은 자존감을 갖게 되면서 작은 일에도 자제력을 잃고 욱하며 너무나 쉽게 도덕적 기준을 포기하는 것을 보았습니다. 낮은 자존감의 원인이 '왜곡된 사고'든지(Beck) '비합리적 사고'든지(Ellis) '거절감'이든지(정신분석) '패배의식'이든지(행동주의) '성취한 것이 원하는 것보다 적어서'든지(James) 결국 자신이 무가치하다는 타자의 암시에 굴복한 결과입니다.

　자존감은 내부지향적이어서 굳이 외부로부터 자기의 존재를 확인하지 않아도 됩니다. 남에게 질 줄도 알고 자기의 의견을 굽힐 줄도 알며 다른 사람의 태도에 크게 좌우되지 않으며 자기 자신을 있는 그대로 수용하고 존중하고 사랑할 줄 압니다. 다른 사람의 악평이나 비판에도 지나치게 흔들리지 않습니다. 회복 탄력성(resilience)이 있어서 마음이 상하기 전에 빨리 회복됩니다. 자존감은 자기효능감 또는 자신감으로 연결되고 매사에 적극적이고 쉽게 포기하지 않고 성취감을 즐깁니다.

　그러나 자존감이 낮으면 반작용으로 자존심이 올라갑니다. 낮은 자존감은 대부분 모두 한 사람의 영혼에 깊은 좌절과 예민한 감정으로 변장하고 무시당한다는 느낌이나 피해의식으로 표현되기 때문에 주변에 부풀린 자기를 보여 주려고 하며 자존심이 강하다는 느낌으로 전달됩니다. 자존감이 내부 지향적이어서 내적 동기에 의해 살아가는 반면 자존심은 외부 지향적이어서 다른 사람의 인정과 칭찬, 또는 존중이 없으면 견디지 못합니다. 자존심이 강한 사람을 비판하는 것은 벌통을 발로 차는 것과 같습니다. 그들은 대하는 것이 매우 조심스럽고 주변에서 사람들이 하나 둘 떠나기 시작합니다. 존 비비어는 그의 책 "관계"에서 자존심이 강한 사람은 별 일이 아닌 것에도 부당한 대우를 받았다는 이유로 실족이라는 덫에 걸려든다고 했습니다.

　자존감은 겸손에서 옵니다. 겸손은 하나님이 지으신 본래적 자신에 대한 긍정을 의미합니다. 자아 심리학자 에릭슨의 표현을 따르면 그것은 자기 정체성을 가지는 것, 즉 자기가 되는 것입니다. 이상적인 자아를 찾아 환상에 살거나 현실적인 자아에 안주하는 것이 아닙니다. 동시에 현실과 이상에서 일어나는 불협화음을 부러움과 불만족, 불평, 원망, 억울함으로 받아들이지 않고 있는 모습 그대로 현실을 직시하며 나에게 주신 은사와 달란트, 소명을 따라 살아가는 것입니다. 이런 상태에서 마음의 평정과 평온함을 누릴 수 있게 됩니다. 다윗은 이와 같이 있는 모습 그대로 하나님의 품에 안겨 평안을 얻었습니다.

"여호와여 내 마음이 교만하지 아니하고 내 눈이 오만하지 아니하오며 내가 큰 일과 감당하지 못할 놀라운 일을 하려고 힘쓰지 아니하나이다. 실로 내가 내 영혼으로 고요하고 평온하게 하기를 젖 뗀 아이가 그의 어머니 품에 있음 같게 하였나니 내 영혼이 젖 뗀 아이와 같도다."(시 131:1,2)

4. 자신감의 원천

자신감의 원천은 하나님의 크심을 보는 것이다.

세속적인 의미의 자신감은 자신의 잠재력을 깨우고 자기 효능감을 맛보는 것이며 그리스도인의 자신감은 나의 작음을 알고 하나님의 크심을 확신하는 것입니다. 그리스도인의 자신감은 "하나님께서 허락하시면 우리가 이것을 하리라"(히 6:3) 하는 신뢰하는 대상을 통해 옵니다. 주님을 떠나서는 우리가 아무 것도 할 수 없기 때문입니다(요 15:5).

일반적인 의미의 자신감은 캐나다의 인지학습이론의 권위자인 알버트 벤두라가 주창한 자기 효능감과 같습니다. 그가 말하는 자기 효능감과 그리스도인의 자신감을 통합해서 설명하면 다음과 같습니다.

첫째로는 작은 성취를 경험해서 큰 성취로 나가는 것입니다. 성경에서 "작은 일에 충성된 자는 큰 일에도 그러하리라"는 말씀과 일맥상통합니다(눅 16:10). 전문가는 디테일에 강하다는 말이 있습니다. 2003년 지구로 귀환하던 우주선 콜롬비아호가 폭발하여 승무원 전원이 사망한 원인은 아주 작은 발포제 때문이었고

1986년 이륙한 지 3분 만에 폭발한 챌린저호 역시 연료공급용 파이프를 연결하는 작은 고무패킹의 결함 때문이었습니다. 작은 일을 무시한 결과는 너무나도 치명적이었습니다. 사람은 산에 걸려 넘어지지 않고 조그만 조약돌에 걸려 넘어집니다(코난 도일).

둘째로는 다른 사람의 성취경험을 모델로 삼는 것입니다. 성경의 수많은 인물들은 자신의 작음 때문에 커지고, 자신의 가난 때문에 부요 해지고, 없는 것 때문에 그리스도로 채워지고, 자신의 약함 때문에 강해졌습니다.

셋째로는 자기대화를(self talk) 통해 두려움과 망설임을 몰아내는 것입니다. 시편에서는 "내 영혼아 어찌하여 두려워하며 네 속에서 낙망하느냐? 너는 하나님을 바라라 네 얼굴을 도우시는 하나님을 인하여 오히려 찬송하리로다."하는 자기 대화가 많이 나옵니다. 자기대화는 자기를 위로하고 격려하는 것까지 포함합니다. 사람은 자신감이 떨어지면 이상하게 다른 사람에게 불친절해집니다. 우리가 자신을 미워하면 다른 사람에게서 나의 모습을 보고 이유 없이 그 사람을 싫어하게 됩니다. 이런 부분을 자기대화로 걸러 내야 합니다.

넷째로는, 자기 효능감을 맛보면 신체도 여기에 맞게 적응합니다. 자신감은 뇌에서 신경전달물질 '카테콜라민'의 분비를 촉진하면서 몸과 마음은 상황에 대처하는 능력이 생기고 심장박동이 빨라지며, 신체능력, 지적인 능력이 극대화 됩니다. 스포츠를 예로 든다면 과거 1마일을 4분에 주파하는 것이 불가능하다고 생각하던 때가 있었습니다. 그러나 옥스퍼드의 의대생에 의해 1954년 5월 6일에 3분 59초 04로 이 벽이 깨진 이후 마치 상식이라도 되는 것처럼 연쇄반응이 일어났습니다. 1개월 후에는 10명이, 1년 후에는 37명이, 2년 후에는 300명이 이 벽을 넘더니 더 이상 이 벽은 의미가 없어졌습니다. 왜? 이런 일이 일어났을까요? 불가능이라고 여겼던 마음의 장벽이 무너졌기 때문입니다.

　　프랑스 국립과학 연구소에서 남녀의 수학실력에 대하여 실험을 하였습니다. 남녀 영재들에게 남녀의 차이가 없는 수학 방정식을 풀게 하면서 한 번은 아무 말도 하지 않고 한 번은 남학생과 여학생의 수학 풀이 실력에 차이가 나는 문제라고 하자 남학생은 10점이 올랐고, 여학생은 65점이 떨어졌습니다. 프랑스국립과학 연구소는 그 이유를 '자신감'에서 찾았습니다.

　　흔히 나이를 먹으면 뇌세포가 줄어든다고 생각하지만 이는 사실과 다릅니다. 뇌세포는 죽음 직전까지 재생하며 기능이 떨어지는 것이 아니라 달라집니다. 뉴욕 타임스는 수십 명의 신경과학자와 심리학사들이 10년에서 40년 동안 연구한 결과를 종합하여 신체의 전성기는 26세, 두뇌의 전성기는 31세인데 반해, 두뇌가 통합되어 가장 능력을 발휘할 수 있는 생애 최고의 뇌는 40-65세의 뇌라고 하였습니다. 즉 뇌는 나이가 들수록 똑똑하던 사람이 똘똘해지고 힘으로 살던 사람이 지혜롭고 현명해집니다.

　　실제로 허드슨 강에 항공기를 착륙시켜 승객 전원을 구한 기장의 나이는 57세였습니다. 칸트가 철학사를 이전과 이후로 나눈 "순수 이성비판"을 완성한 나이도 57세였습니다. 나이가 들면 당연히 뇌의 기능이 떨어질 것이라고 자포자기하고 자신감을 잃게 되면 실제로 뇌가 축소되어 기능이 제한됩니다.

　　경건한 그리스도인들 사이에서는 자신감을 성경과 배치되는 것으로 생각하기 쉬운데 큰 틀에서 보면 그렇지 않습니다. 하나님이 없이 자신만의 자원으로 살아갈 수 있다고 믿는 불신앙적인 자만이나 자부심, 자아도취, 과대망상은 경계해야 하지만 달란트를 땅에 묻어두고(마 25:18) 자신의 능력을 발휘하지 못하는 것은 겸손이 아니라 악하고 게으른 것입니다(마 25:26). 오히려 하나님께 가능성을 두고 살아가는 경건한 자신감은 믿음의 영역입니다.

하나님은 우리를 지으시고, 재창조하실 때 은사 재능 달란트 등의 "믿음의 분량"(롬 12:3)을 주셨습니다. 은사도 주시고, 재능도 주시고, 타고난 기질도 주셨습니다. 이것이 자신감의 원천입니다. 자신감은 미치지 못할 기이한 일을 품거나(시 131:1) 믿음의 분량 밖으로 나가는 것이 아닙니다. 자신감은 적은 능력을 가졌지만 하나님을 의지할 때 크신 하나님이 일하실 것이라는 믿음에 근거합니다. 신앙적인 자신감은 작은 믿음에 큰 능력이, 적은 능력에 크신 하나님이 역사하실 것을 기대하는 것입니다.

누군가 모세의 인생을 3단계로 나누었습니다. 애굽에서의 40년은 자신을 '모든 것'(everything)이라고 과신했습니다. 미디안에서 40년은 자신을 '아무 것도 아닌 존재'(nothing)로 비하했습니다. 광야에서의 40년은 자신을 하나님 안에 있는 '그 무엇'(something)이라고 생각했습니다. 그리스도인의 자신감은 모세의 3단계에 해당합니다. 우리는 그렇게 대단한 존재도, 아예 형편없는 존재도 아닙니다. 무한하지 않지만 동시에 무가치하지도 않습니다. 단지 우리는 내게 능력 주시는 자 안에서(빌 3:17) 현실에 자족하면서 그 무엇인가를 할 수 있는 존재입니다.

그리스도인이 자신감을 상실한 채 아무런 시도를 하지 못하고 목표를 너무 낮게 가지면 "실천적 무신론자"가 됩니다. 이론적으로는 하나님을 시인하지만, 실제적인 삶에서는 마치 하나님이 안 계신 것처럼 사는 것을 말합니다. 벤저민 워필드가 이와 같이 자신감을 잃고 실천적 무신론자로 살아가는 사람들을 염려하며 남긴 글입니다.

"그러나 때로는 하나님이 계셔서 세상을 다스리시며 우리가 생각과 말과 행동으로 그를 섬겨야 한다는 것을 입술로나 마음으로 인정하고 고백하면서도 마치 하나님이 없는 것 같은 생활을 하는 실천적 무신론이 있습니다. 실천적인 무신론은 하나님을 고백하면서도 그 하나님을 잊는 더욱 크나 큰 죄를 저지르는 것입니다. 마음속으로도 하나님이 없다는 말은 전혀 생각조차 하지 않으면서도 마치 하나님 없는 것처럼 삶을 살아감으로써 실질적으로 하나님을 부인하는 사람들입니다."

5. 인간의 조건

나는 유일하고 대체가 불가능하다.

인간의 조건은 하나님의 형상입니다. 하나님의 형상이 아닌 것은 인간일 수 없습니다. 하나님의 형상인 인간은 각자의 이름을 가진 고유한 개인입니다. 미국 출신의 옥스퍼드 대학교 정치학 교수인 래리 스탠톱은 근대에 평민이 개인의 목소리를 내기 시작한 것을 기독교의 영향이라고 하였습니다. 기독교에서 말하는 '영혼'이 사회적이고 공적인 영역에서 '개인'으로 불렸다는 것입니다. 그 '개인'이 고유하고 대체가 불가능한 인격이며 비교당하지 않고 인권이 존중 받는 인간의 조건이 된 것입니다.

최초의 인간 아담은 보통명사가 아닌 고유명사입니다. 보통명사 인류를 지으신 것이 아니라 세상에서 유일한 고유명사 '아담'을 창조하셨습니다. 유대인들은 하나님이 다수가 아닌 한 사람을 지으신 사실에 착안하여 한 사람을 구하는 것이 인류를 구하는 것이며 한 사람을 죽이는 것이 한 국가, 인류를 죽이는 것이라고 탈무드에 기록했습니다.

하나님은 우리를 대중이나 군중으로 대하지도 않으십니다.

나를 개인으로 아시고 개인으로 부르시며 나의 머리터럭 하나까지 세신 바 되었습니다(마 10:30). 예수님께 우리의 백 마리의 양과 광야를 헤매는 한 마리의 잃어버린 양의 가치는 동일했습니다. 하나님은 모세에게 "내가 너를 이름으로도 알았다"(출 33:17)고 하셨으며 야곱에게는 "내가 너를 지명하여 불렀나니 너는 내 것이라"(사 43:1)고 하셨고 이스라엘을 향해 "여인이 품에 있는 자식을 잊을지라도 나는 너를 잊지 아니하리라. 내가 너의 이름을 나의 손바닥에 새겼다."(사 49:15, 16, 표준 새번역) 고 확언해 주셨습니다.

랍비로서 신학자며 철학자인 조나단 색스는 "차이의 존중"에서 우리가 인간으로서 존엄성을 갖는 것은 '다르다는 사실' 즉 '대체 불가능한 존재라는 사실'에 있다고 하였습니다. 한나 아렌트 역시 '인간의 조건'에서 다음과 같이 말했습니다.

"나 같은 사고, 나만의 감수성, 나만의 유전체질, 나만의 성격은 누구도 모방할 수 없는 나만의 유일한 지표들이다."

지혜의 왕 솔로몬의 재판에서 아이를 둘로 나누라는 판결을 듣고, 절규하며 호소했던 진짜 엄마의 절규에 우리를 향하신 하나님 아버지의 마음이 있습니다. "내 주여 산 아이를 그에게 주시고 아무쪼록 죽이지 마옵소서."(왕상 3:26) 아들의 생명을 살리기 위해 아들을 포기하는 여인의 마음에 하나님 아버지의 고민과 절규가 숨어 있습니다. 하나님 아버지는 우리를 위해 독생 하신 당신의 아들을 포기하셨습니다. 그리고 그 아들과 함께 우리를 다시 얻으셨습니다. 제자화의 핵심은 집단의 사육이 아닌 개인의 양육에 있습니다.

유대인으로 태어나 히브리적 사고를 하며 자란 마르틴 부버는 "태초에 관계가 있었다."는 말을 하였습니다. 그는 인간의 자기인식을 근원어인 '나'와 '너'에서 찾았습니다. 달리는 차창 밖으로 나타난 경치가 멀어질 때, 비로소 기차가 달리고 있다는 것을 알 수 있듯이 '나'의 '나'됨은 '너'라는 대상을 통해서만 인식이 가능합니다. 하나님이 나를 너로 불러주신 태초의 관계를 가리켜 성경은 '언약'이라고 합니다. 언약은 하나님이 나를 대중으로 상대하지 않으시고 그 무엇과도 바꿀 수 없는 한 개인으로 상대하신 사건입니다. 아흔 아홉과 바꾸지 않으시는 유일한 대상을 삼으신 사건입니다. 그때 나의 손가락에 끼워주신 반지가 나의 정체성이며 가장 근원적인 관계의 맥락입니다.

하나님이 인류를 사랑하시는 것은 맞지만 더 정확하게 말하면 나를 사랑하십니다. 나를 포함한 인류가 아니라 내가 인류에 속하기 때문에 인류를 사랑하시며 그에게 속한 자를 모두 이렇게 개별적으로 관계하시고 사랑하십니다. 열 손가락 깨물어 안 아픈 자식이 없다지만 아버지의 마음은 못 나고 연약한 자식에게 더 향하는 법입니다. 그러므로 우리가 약하고 못난 것은 하나님이 나를 멀리하실 이유가 되지 못하며 오히려 더욱 하나님의 사랑을 받는 계기로 작용합니다.

성경에 보면 하나님이 인류 또는 이스라엘과 언약을 맺으시고 거기에 속한 개인과도 언약을 맺는 모습이 나옵니다. 그리스도께서 교회와 맺으신 언약의 범주에 속한 우리 개인도 마찬가지일 것이라고 생각합니다. 뜨겁고 절박한 그 순간에 하나님이 나를 개인적으로 찾아오셔서 "내가 너를 떠나지 않고 항상 네 곁에 있겠다"고 언약하시기 때문에 아브라함과 이삭과 야곱의 하나님이 곧 나의 하나님이 되는 것입니다.

개인의 차이는 있지만 사람의 몸에는 털이 약 30만 개 정도 있다고 합니다. 이 털은 매일 빠지고 새로 나면서 털갈이를 하는데 사람은 전혀 인지하지 못합니다. 그런데 그것을 하나님이 알고 계시다고 성경은 기록합니다(눅 12:7). 하나님 아버지가 이렇게 세밀하게 우리의 필요를 아시기 때문에 우리는 하루하루를 불평과 불만으로 지내거나 억울해하며 자기연민에 빠져 살 필요가 없습니다. 그것은 신뢰의 문제입니다. 열등감이나 자기비하가 가만히 보면 겸손으로 포장되어 있지만 그 안에는 하나님을 향한 불신앙이 똬리를 틀고 있습니다.

내가 부족하면 부족한 만큼 남으면 남는 만큼 하나님이 채우시므로 은혜의 총량은 동일합니다. 일부러 그럴 필요도 없고 그래서도 안 되지만 죄 가운데서는 그 은혜가 더 클 수밖에 없습니다. 일이 더디다고 우울해 하지 말고 일이 틀어졌다고 불평하지 말고 가진 것이 적다고 억울해 하지 말고 단 하나 밖에 없는 고유한 내 영혼의 창조주께 단독자로 서보는 것이 어떨까요?

6. 나의 나 됨

나의 나 됨(I am-ness)이 정체성이다.

나의 나 됨을 아는 것은 자기 정체성에 대한 자각을 의미하며 "나는 누구인가?"하는 존재론 "나는 어디서 왔는가?"는 하는 창조론 "나는 어디로 가는가?"하는 종말론 "무엇이 가치 있는가?"하는 목적론은 그리스도인의 정체성을 묻는 질문입니다. 자기 정체성이 분명하면 주변에서 일어나는 헛된 가르침이나 세상 풍속에 쉽게 흔들리지 않습니다. 만약 우리가 주변의 환경에 흔들리고 있다면 아직 정체성이 자리 잡지 않은 탓입니다. 나는 나입니다. 하나님이 창조하시고 그리스도께서 위하여 죽으신 나입니다. 나는 내 안에 계신 그리스도 때문에 세상에 의해 흔들리지 않을 만큼 충분히 무게가 있는 소중한 존재입니다. 이러한 정체성을 가진 사람이 하나님이 맡겨 주신 청지기로서의 소중한 자기 인생을 삽니다.

에릭슨은 자아 심리학에서 사춘기를 '나의 원형을 만드는 시기'로 해석하였습니다. 나의 원형은 자아 정체감을 의미하는 것으로 장미는 장미답고 국화는 국화답고 귀뚜라미는 귀뚜라미다워지는 것을 의미합니다. 에릭슨은 중요한 시기에 자기정체성을 형성하는 데 실패하면 독립성의 혼란이 오면서 안정을 찾지 못하고 신경증과 정신증으로 들어갈 수 있다고 경고했습니다. '있는 모습 그대로의 나' 대신 '되고 싶은 나'만을 추구하는 것이 신경증의 원인입니다. "신경증 환자는 공중누각을 짓고 정신병자는 그 집 안에 살며 정신과 의사는 집세를 받아먹는다"고 말한 것이 현실로 나타날 수 있습니다. 그런 의미에서 에라스무스는 행복의 가장 중요한 요건은 기꺼이 본래의 자기대로 사는 것이라고 하였습니다. 19세기 아일랜드 출신의 작가 오스카 와일드는 말했습니다.

"고대 세계의 입구에 '너 자신을 알라!'라는 말이 적혀 있었다면 우리가 사는 새로운 세계의 입구에는 '너 자신이 되어라'라는 말이 쓰여 있어야 할 것이다."

미국의 사회학자 찰스 쿨리는 거울자아이론(looking-glass self)에서 다른 사람의 눈과 평가를 통해 병적인 자의식을 묘사했습니다. 사울이 대표적인 인물입니다. 사울은 오직 타인의 눈에 비친 자기를 보며 쫓기고 비교하고 열등감을 느꼈습니다. 사울은 자신의 인생을 살지 못하고 타인의 눈에 비친 타인의 인생을 살다 타인의 눈에서 지옥을 경험했습니다.

미국의 사회학자 리스먼은 1950년에 출간한 "고독한 군중"에서 인간을 움직이게 하는 힘을, 과거의 전통에 얽매어 살아가는 '전통 지향형' 자신의 내적 확신에 의해 움직이는 '내부 지향형' 또래 집단에서 소외 되지 않으려고 다른 사람의 눈치를 보고 타인을 의식하는 '외부 지향형'으로 나누고 군중 속의 고독은 바로 밖에서 안을 채우려고 하기 때문에 생긴다고 하였습니다. 밖에서 인정과 칭찬을 받아서 안을 채우려는 욕구가 결국 인간을 소외시키고 혼자 있어도 외롭고 군중 속에 있으면 더 외로운 사람으로 만드는 것입니다. 미국에서는 다른 사람의 인정과 칭찬에 목말라 있는 이른바 인정중독자가 1억 명이라는 비공식 통계가 있습니다.

우리는 타인의 평가를 통해 부유해지지 않습니다. 우리가 비우면 그리스도께서 채우시고, 포기하면 그리스도께서 시작하십니다. 이와 같이 그 분의 크심을 기초로 하여 영광스런 신분을 가진 '나의 나 됨'(I am-ness)을 세워 나갈 수 있습니다.

정약용은 40세부터 18년 동안 유배생활을 하였습니다. 그 사이에 500권의 책을 저술하면서 복사뼈에 세 번이나 구멍이 났지만 멈출 줄을 몰랐습니다. 그의 제자가 "이런다고 누가 알아줍니까?"하자 다산은 대수롭지 않게 여기며 "몰라준들 어떠하리"하고 대답했습니다. 정약용은 외부의 인정이나 칭찬이 아닌 자신의 내적동기에 따라 인생을 살았습니다. 그는 핍박을 당하고 누명을 쓰고 모함을 당해 유배를 왔지만 억울하거나 외로울 시간이 없었습니다. 벼슬아치들이 불나방처럼 부와 권력을 추구해도 개의치 않고 오직 홀씨처럼 어디에 떨어졌든지 싹을 틔우고 열매를 맺으면서 자기에게 주어진 인생을 살고 그 과제를 완성했습니다.

칭찬을 듣기 위해 그림을 그리는 사람보다 그림이 좋아서 그림을 그리는 사람은 나중이 다릅니다. 칭찬을 듣기 위해서 그림을 그리는 사람은 칭찬을 듣지 못하면 그림을 중단하지만 그림이 좋아서 그림을 그리는 내적 동기를 가진 사람은 누가 알아주지 않아도 계속해서 더 좋은 그림을 추구하는 화가의 길을 갑니다. 사탄이 가장 잘 사용하는 무기는 비교의식이라고 합니다. 우리는 비교의식 때문에 타인을 섬김의 대상이 아니라 경쟁상대로만 인식할 수 있습니다. 비교에서 나오는 우월감과 열등감은 모두 포장된 교만입니다. 비교하는 사람은 우월감과 열등감, 의기양양과 의기소침, 조증과 울증 사이를 시계추처럼 왔다 갔다 하면서 쫓기고 흔들리는 인생을 삽니다.

7. 키 작은 거인 아들러

태도를 바꾸면 마음이 따라온다.

심리학자 칼 메닝거는 "태도는 사실보다 중요하다"는 말을 했습니다. 과거의 사건을 바꿀 수는 없지만 관점을 바꾸면 트라우마를 이길 수 있고, 현재의 언어를 바꾸면 몸의 호르몬이 달라지면서 앞으로 나아갈 힘이 생긴다는 것입니다. 마음이 떨려도 담대한 태도를 취하면 두려움은 점점 작아집니다. 겁을 먹고 위축되면 강아지조차 달려듭니다. 싫은 사람도 친절하고 호의적인 태도를 취하면 관계가 점점 회복됩니다. 싫다고 해서 아무렇게나 대하면 관계는 파국을 맞이합니다.

프로이트와 융과 함께 정신분석의 3대 거장으로 거론되는 알프레드 아들러가 있습니다. 그는 155센티미터의 작은 키에 병약했으며 어린 시절부터 형과 비교당하며 열등감 덩어리로 자랐습니다. 소심한 아들러는 어느 날 프로이트의 연설에 매료되어 그에게 정신분석을 받기 시작했는데 프로이트는 그의 뛰어난 자질을 인정하여 제자로 받아들였습니다. 그러나 아들러는 프로이트 이론의 핵심인 성욕 이론과 어려서 생긴 트라우마가 평생의 삶을 좌우한다는 결정론에는 동의하기 어려웠습니다.

　프로이트와 결별한 아들러는 프로이트의 이론처럼 과거가 영향을 미치는 것은 사실이지만 고정불변으로 현재를 결정하는 것은 아니고 과거는 과거일 뿐이며 그 과거를 어떻게 받아들이고 해석하느냐에 따라 현재가 달라진다는 이론을 폈습니다. 원래부터 트라우마는 존재하지 않으며 열등감이 문제라는 것입니다. 아들러는 열등감과 열등 콤플렉스를 구분합니다. 열등감은 그것을 극복하려는 에너지를 제공하지만 열등 콤플렉스는 열등감이 다른 모든 것을 할 수 없는 의지까지 빼앗는 걸림돌이 되는 것을 의미합니다. 일본의 철학자 기시미 이치로는 "아들러를 읽는 밤"에서 열등감을 창조적 에너지로 바꾸는 세 가지 용기를 말했는데 그것을 다음과 같이 재해석 해 보았습니다.

　첫째로는 미움 받을 용기입니다. 모든 사람이 나를 사랑할 것이라는 생각은 착각이며 그런 기대는 환상입니다. 행복 하려면 사랑과 인정, 칭찬에 대한 욕구부터 버려야 합니다. 미움 받을 용기는 잠언에서 사람을 두려워하지 말라는 말씀과 같습니다. 사람을 두려워하면 올무에 걸립니다(잠 29:25). 타인의 반응으로 건강한 피드백은 해야 하지만 타인의 시선을 지나치게 의식하는 것은 타인을 두려워하는 용기 없는 행동입니다.

　둘째로는 평범해질 용기입니다. 미국 보스턴 근교의 한 고등학교 문학교사가 "너는 특별하단다."라는 말에 익숙해서 특별한 대접을 받으려는 학생들을 위해 "너는 특별하지 않아"라는 책을 써서 균형을 잡아 주었습니다. 평범해지는 것도 용기가 필요합니다. 세상은 남과 비교하기 위하여 평균을 내고 모든 것을 수치화 합니다. 평범해질 용기란 바로 이 숫자와 평균에 지배당하지 않는 것입니다. 남으면 남는 대로 모자라면 모자란 대로 있는 모습 그대로 목적을 지향하며 거기에 만족하는 것을 말합니다. 상대적 의를 추구하던 바리새인은 세리와 자기를 비교하여 자기를 확인하고 자만했습니다. 절대적 의를 추구하는 세리는 하나님 앞에 자기의 죄악 된 모습을 확인하고 단지 불쌍하게 여겨주시기를 구했습니다. 세리의 태도에 평범함의 용기가 있습니다. 평범한 것이 자연스럽고 자연스러운 것이 아름답습니다. 신앙도 자연스럽지 않으면 외식과 율법주의로 흐릅니다.

세 번째로 행복해질 용기입니다. 행복은 선택입니다. 행복은 조건에 밀려 항복하는 것이 아니라 그것을 선택하는 감정입니다. 행복은 현재 자기의 모습을 받아들이고 수용하는 데서 시작됩니다. 그리고 타인을 신뢰하고 나아가 타인에게 기여할 때 다른 사람이 기뻐하면 나까지 행복해집니다. 그리스도인은 이미 행복한 자라는 존재의 발견과 그것을 느끼고 누리고 주장하기를 선택하는 것이 행복의 핵심입니다. 하나님 아버지는 자녀들이 그 품 안에서 무한한 행복을 느끼기 원하십니다. 우리가 행복하면 하나님 아버지께서 더 행복하십니다.

여기서 덧붙여서 꼭 말하고 싶은 용기 하나가 더 있습니다. 그것은 보내주는 용기입니다. 인생은 보내는 연습이며 이별연습입니다. 사랑한다면 보내고 놔줄 수 있어야 합니다. 사랑하는 사람의 죽음을 겪고 자식을 타지에 보내고 결혼을 시키는 것도 모두 용기가 필요합니다. 수소와 산소가 만나서 물이 되고 물이 다시 수소와 산소로 분열되는 과정에서 에너지가 발생하듯 이별이 아픈 것은 자연현상입니다. 교회에서 사람이 떠나도 축복하면서 보내주는 용기가 필요합니다. 주님께서 당신의 양을 어디로 보내시든지 그것은 우리가 관여할 일이 아닙니다. 떠날 때 마음에서 보내지 못하면 오랫동안 상처로 남고 우연히 만날 때 편하지 않습니다.

8. 자기와 자아

진정한 '자신'은 거짓 자신인 '자아'에 싸여 있다.

내적인 자아를 의미하는 자기(self)와 외적인 자아를 의미하는 자아(ego)는 인격의 안과 밖입니다. '자기'는 상처, 그림자, 콤플렉스 덩이리입니다. '자기'는 인간으로 하여금 죄를 짓게 하는 '죄의 본성'이 자리하는 곳이며 죄를 수장해 놓은 죄악의 심연입니다. '방 안의 코끼리'처럼 누구나 알지만 아무도 말하지 않는 은폐의 장소입니다. 그러면 그럴수록 내면의 자아는 미성숙한 상태에서 벗어나지 못합니다.

사람이 성장하려면 이러한 어두운 내면이 그리스도의 빛 가운데로 나와야 합니다. 그것을 자아의 '통합'(integrity)이라고 하며 가장 가까운 단어는 '정직'입니다. '정직'은 거짓말을 하지 않는 것 이상입니다. 사람은 10분에 한 번씩 거짓말을 하는 존재라는 바로 그 사실을 인정하는 것이 '정직'입니다. "악인의 제사는 여호와께서 미워하셔도 정직한 자의 기도는 그가 기뻐하시느니라"(잠 15:8)에서 하나님이 미워하시는 '악인의 제사'는 가인처럼 자기를 의롭다고 믿는 사람이 선심 쓰듯 드리는 제사입니다. 그리고 하나님이 기뻐하시는 '정직한 자의 기도'는 '자신'의 죄성과 연약함을 알고 상한 마음으로 불쌍히 여겨달라고 구하는 '세리의 기도'가 표본입니다.

내적인 통합을 융의 술어로 하면 '개성화'입니다. 그것은 '자아'가 몇 해리 깊이의 '자신'을 향해 떠나는 성숙의 여정입니다. 파이퍼는 어거스틴을 인용하여 타락은 인간의 내적이고 영적 자아인 아담이 외적이고 물질적인 실용적 자아인 하와로 인해 나쁜 길로 빠진 것이라고 하였습니다. 중국의 고대시인 도연명은 자기의 그림자와 대화하면서 마음의 평안을 얻습니다. 사람이 자기대화(self talk)을 하거나 생각을 통해 자기 자신과 소통하는 것은 모든 사람 안에 또 다른 '자기'가 있기 때문에 가능한 일입니다.

키에르케고어에게 있어서 자아는 자기 자신과의 관계를 의미합니다. 자아가 자신과의 관계에 실패하면, 자연히 타인과의 관계도 실패하며, 그 결과 이중적인 단절의 절망을 경험합니다. 자아가 자신을 창조하신 하나님 안에서 투명한 상태로 설 때 비로소 이런 절망이 뿌리부터 제거되고 치료되는 것을 경험합니다.

키에르케고어에 있어서 인간은 자신 안의 또 다른 자기, 이른 바 타자성과의 관계에서 절망하여 자기 자신이고자 하지 않는 형태의 절망과 절망하여 자기 자신이고자 하는 형태의 절망을 하는데 이 때 '하나님 앞에 선 단독자'로 서게 됩니다. 즉 '하나님의 계시로 죄가 무엇인지 해명된 후에 하나님 앞에서 절망하여 자기 자신이고자 하지 않는 것 또는 절망하여 자기 자신이고자 하는 것'이 '하나님 앞에 선 단독자'의 의미입니다. 즉 교만과 자기중심성 등으로 가득한 인간의 원초적인 내면의 중심인 자기 자신을 숨기지 않고 하나님 앞에(Coram Deo) 정직하게 서는 것이 '하나님 앞에 선 단독자'의 모습입니다.

이 두 가지 형태의 자기와 자신을 대하는 역설적인 태도를 다음과 같이 표현해 보았습니다.

자기를 죽이지만 학대하지 않는다.
자기를 부인하나 멸절되지 않는다.
자기를 성찰하나 정죄하지 않는다.
자기를 분석하나 속단하지 않는다.
자기를 노출해도 부끄럽지 않는다.
자기를 반성하나 낙심하지 않는다.
자기에 절망하나 좌절하지 않는다.
자기에 실족하나 주저앉지 않는다.
자기를 미워해도 증오하지 않는다.

자기를 용서하되 방심하지 않는다.
자기를 사랑하나 도취하지 않는다.
자기를 긍정하나 과장하지 않는다.
자기를 공감하나 기만하지 않는다.
자기를 존중하나 몰입하지 않는다.
자기를 돌보지만 집착하지 않는다.
자기를 신뢰하나 교만하지 않는다.
자기를 위로하나 합리화는 않는다.
자기를 인정하나 자만하지 않는다.

자아를 표현하나 자랑하지 않는다.

자아를 절제하나 억압하지 않는다.
자아를 헌신하나 후회하지 않는다.
자아를 희생하나 퇴행하지 않는다.
자아를 낮추지만 비굴하지 않는다.
자아를 인식하나 왜곡하지 않는다.

제4부

공동체

1. 공회와 교통
2. 성장과 성숙
3. 거룩과 화평
4. 거울과 창문
5. 독존과 공존
6. 부분과 전체

1. 공회와 교통

공회와 교통은 성전의 야긴과 보아스다.

사도신경에 명시한 거룩한 공회와 성도의 교통은 솔로몬 성전의 야긴과 보아스처럼 교회의 두 기둥입니다. '코뮤니오 상토룸'이라고 하는 거룩한 공회는 그리스도께서 피로 값 주고 사신 공동체로서의 교회를 의미하며 '코이노니아'라고 하는 성도의 교통은 거룩한 공회에 속한 하나님의 나라의 백성들이 내적으로 교제하고 소통하는 것을 의미합니다. 그리스도의 몸으로부터 몸의 각 부분이 각 마디를 통하여 도움을 받음으로 연결되고 결합되어 그 몸을 자라게 하며 사랑 안에서 스스로 세워집니다(엡 4:16).

공동체와 공동체적 교제는 하나님의 존재방식입니다. 레오나르도 보프는 성부, 성자, 성령 삼위 하나님의 관계를 '영원한 교제'로 지칭하면서 삼위일체 하나님의 영원한 교통이 모든 인간의 교제와 공동체의 바탕이 된다고 하였습니다. 바르트는 하나님의 형상으로서의 진정한 인간을 가리켜 '공동체적 인간' 또는 '만남 안의 존재'(being-in-encounter)라고 하였습니다. 나아가 바르트는 "아버지와 아들과의 관계는 창조자와 피조자의 관계나 피조자들끼리의 관계에 국한되지 않고 모든 관계의 표본이다."고 하였는데 그 관계성은 삼위 중 어느 한 분도 개별적으로 존재하지 않으시며 삼위는 상호관계 안에서 영원하신 한 하나님으로 존재하시는 것을 말합니다. 공동체는 사람들을 치유와 친밀한 관계들로 인도하시는 언약의 하나님의 존재 방식과 임재로부터 흘러나와야 합니다.

아이스너글의 말처럼 "우리들을 위하여 만들자"라는 구호로 바벨탑을 쌓듯이 파당을 만들어 공동체를 분열시키는 역언약 운동은 건물, 기능들, 계층 구조들, 피라밋들, 왕정들을 세울 수 있지만 공동체는 세울 수 없습니다. 거짓된 공동체는 하나님의 능력과 임재가 없으므로 곧 소멸하고 하나님이 없는 시작은 분열로 끝이 납니다.

하나님이 세우시고 임재하시는 언약 공동체는 하나님의 사랑으로 작동합니다. 고린도 교회는 은사도 많고 지식인도 많았지만 바울, 아볼로, 베드로, 그리스도파로 분열하였습니다. 바울은 바울파를 기뻐하지 않았을 뿐 아니라 교만하게 하는 지식이 아닌 덕을 세우는 사랑으로(고전 8:1) 하나가 될 것을 권했습니다. 사랑은 서로의 다름을 인정하고 차이를 존중해야 합니다. 다른 것이 반드시 틀린 것은 아닙니다. 진리는 표현양식이 달라도 깊이에서 만나게 되어 있습니다. 진정한 깊이를 추구하면 언젠가는 서로 통하는 부분이 나옵니다. 나는 옳고 너는 틀리다는 독선이나 교만은 공동체를 세우지 못합니다.

리처드 포스터는 "생수의 강"에서 묵상, 성결, 은사, 성례, 사회정의, 복음전도 등의 영성의 흐름을 정리했습니다. 여기서 말하는 영성은 영적인(spiritual) 성향(ity)을 의미합니다. 각 영성마다 역사적 경험과 노하우, 그리고 지적인 깊이를 완벽하게 평가하기란 불가능하며 모든 영성을 동시에 추구하지 못합니다. 어떤 영성이든지 하나라도 제대로 알려면 10년은 배워야 하고 배운 대로 무엇인가를 펼치려면 다시 10년이 필요합니다. 과정을 모르고 "나는 옳고 너는 틀렸다"는 식으로 흑백논리를 들이대는 것은 교만입니다.

시 에스 루이스는 "순전한 기독교"에서 "자신이 신앙생활을 한다는 사실 때문에 스스로 선한 사람으로 느껴질 때는, 특히나 자기가 다른 사람보다 낫게 느껴질 때는 확실히 하나님이 아니라 악마를 따르고 있다"고 보면 된다고 하였습니다. 나아가 악마는 내가 남보다 낫고, 우월하다는 교만에서 탄생했으며 이 교만은 악 중에 악이며 성적부정, 분노, 탐욕, 술 취함과 비교도 되지 않는 죄 리고 하였습니다.

유대인들은 불완전한 사람들이 모인 곳에서 모두의 생각과 의견이 같을 수 없다는 인식에 근거하여 산헤드린 공의회는 전통적으로 만장일치를 부결로 간주합니다. "유대인의 상술"이라는 책에 보면 유대인들은 삶의 전반에서 완벽이나 이상주의 대신 78대 22의 원칙을 지킵니다. 각 변에 닿도록 정사각형 안에 원을 그리면 원과 나머지 면적이 78대 22가 되며, 대기 중에서 산소와 질소는 78대 22로 균형을 이루고, 인간의 몸도 78%의 수분과 22%의 유기물로 되어 있습니다.

유대인들은 또한 이러한 균형을 삶의 전반에 응용합니다. 예를 들어 78%의 가능성이 있으면 22%의 위험을 감수하고 투자하며 78%의 빈자가 아닌 22%의 부자에 속하도록 서로를 돕고 열심히 일합니다. 사람을 평가할 때는 78%에서 다시 78%를 에누리하여 60%가 좋으면 신뢰합니다. 그들이 존경하는 랍비들도 여느 조직과 마찬가지로 부패와 스캔들로 바람 잘 날이 없지만 여전히 60% 이상의 랍비가 건전하다고 믿기 때문에 수천 년 동안 랍비 전통을 유지합니다.

　우리는 지상에서 영원히 달의 한 쪽만 보는 것처럼 진리 역시 부분적으로 알고 부분적으로 말할 수밖에 없습니다. 내가 아는 어느 한 쪽을 지나치게 강조하다 보면 반드시 모순을 만나는데 그 모순을 합리화 하는 과정에서 억지를 부리고 다른 사람을 배제하고 낙인을 찍는 것은 달의 한 쪽을 보고 전부라고 우기는 것과 같습니다. 그러므로 우리가 보지 못하는 부분을 인정하는 겸손한 태도로 경청하고 성도의 교제를 계속해 나가야 교회는 그 자체의 정화작용으로 진리를 간직해 나갑니다.

2. 성장과 성숙

내가 거룩하니 너희도 거룩할지어다(레 11:45).

하나님은 "나는 너희의 하나님이 되려고 너희를 애굽 땅에서 인도하여 낸 여호와라"고 하시면서 "너희도 거룩하라"는 말씀을 하셨습니다. 즉 이스라엘의 거룩은 독야 청청하는 분리가 아니라 하나님이 그들을 자신의 것으로 부르신 구별로서의 거룩입니다. 그것은 이 구별이 실제적인 거룩으로 이어지려면 우리는 먼저 그것을 꿈으로 가져야 합니다.

아브라함 매슬로우는 욕구의 피라미드를 통해서 인간의 욕구가 어떻게 발전하는지를 설명했습니다. 생리적, 안전, 소속감, 자존감의 욕구 다음에 오는 것이 자기실현의 욕구며 이는 또한 성장의 욕구입니다. 자기실현의 욕구는 인간의 본능을 넘어서는 메타욕구입니다. 누구를 위하여 성장하고 누구 좋으라고 성숙해지는 것이 아닙니다. 우리는 거룩한 하나님 나라 백성의 공동체를 위하여 성장하고 성숙해서 열매를 맺어야 합니다. 그것이 나를 위한 것이고 하나님을 위한 길입니다.

성장은 자라는 것이고 성숙은 열매를 맺는 것입니다. 성장하지 못하면 성숙하지 못하고 성숙하지 못하면 열매를 맺지 못합니다. 행함이 없는 믿음이란 성장하지 않는 믿음입니다. 그렇다고 해서 너무 빠른 성장을 강요하면 식물이 웃자라는 것처럼 가성숙의 부작용이 나타납니다. 이 성장은 단순하게 몸만 커지는 것이 아니라 일정한 단계가 있으므로 시간과 과정이 필요합니다.

미국출신의 감리교 신학자인 제임스 파울러는 "신앙의 단계"라는 책에서 성장에서 성숙에 이르는 신앙의 6단계를 말했습니다. 첫 번째는 직관의 단계입니다. 이때는 부모의 신앙에서 영향을 받습니다. 머리로 이해하는 것이 아니라 정서로 받아들입니다. 이 단계에서 공부하는 것을 멀리하면 성장이 고착화 되면서 가슴이 시키는 대로 하는 것을 정석으로 알고 직통 계시를 받아 하나님의 뜻을 알려고 합니다. 정서적인 신앙은 반드시 균형 잡힌 성경공부를 통해 자기화가 있어야 합니다.

둘째로, 문자의 단계입니다. 이 때 율법과 기적, 신비주의 등을 알게 되고 신조와 교리를 문자적으로 이해합니다. 문자주의는 맹목주의를 낳습니다. 문자(letter) 그 자체는 죽이는 것이며 영(Spirit)은 살리는 것입니다(고후 3:6). 성경에 기록된 문자 자체를 신적 영감으로 받아들이지 않는 자유주의와 기록된 해석의 과정 없이 문자 자체를 하나님의 말씀으로 받아들이는 문자주의는 양극단입니다. 성경은 문자적으로 봐야 할 부분도 있지만 대부분 해석학적인 과정을 통해 '영'(spirit)으로 다가옵니다.

셋째로, 추종의 단계입니다. 위대한 사람이나 훌륭하다고 판단되는 사람을 추종하고 모방하는 단계입니다. 청소년기에 흔히 그런 것처럼 신앙도 한 때는 이렇게 누군가를 추종하고 영웅을 모델링 하면서 성장합니다. 그러나 이것이 가톨릭의 성자숭배와는 달라야 합니다. 우리가 캘빈이나 루터, 웨슬리를 따르는 것은 그들이 가진 신앙의 원리를 동의하는 것이지 개인을 절대시하는 것은 아닙니다. 만일 추종이 지나쳐서 무조건 옳다는 맹목적인 태도를 가지면 이념으로 전락합니다.

넷째로는 개별화의 단계입니다. 자신이 알고 있는 것을 의심하는 단계입니다. 신조나 교리, 그리고 신앙적인 내용들에 대해서 회의를 품고 질문을 던져 봅니다. 한국교회는 지나치게 카리스마에 의존하는 경향이 있는데 누구나 자기신앙으로 성화되고 구원을 받는 것이므로 자기 안에 구원이 있는지 스스로 확인할 수 있어야 합니다. 물론 자기 신앙이 자기만의 신앙이 되어서는 안 됩니다. 자기 신앙 역시 공적인 영역에서 끊임없는 토론의 과정을 통해 보편성을 검증 받아야 합니다.

다섯째는 통합의 단계입니다. 이때가 되면 신앙이 주관적으로 나타나게 되고 구체적으로 적용을 하게 되며 세상에 대한 이해의 폭이 넓어집니다. 이해가 안 되는 것이 거의 없고 나와 다른 사상이나 생각에 열린 태도를 유지하면서 깊이에서 만나는 부분이 무엇인지를 탐구합니다. 또한 세상과 교회를 바꾸는 개인의 노력에 한계를 느끼고 나라도 제대로 하자는 생각을 하게 됩니다. 우리가 할 수 있는 부분이 제한되어 있다는 것을 깨닫는 순간 목소리를 낮추고 하나님의 주권에 주목합니다. 이 세상은 개인의 의지가 아닌 큰 흐름에 의해 움직입니다. 그렇다고 해서 개인의 의지와 노력이 무의미한 것은 아닙니다. 우리의 작은 노력에 하나님의 일하심이 나타나면 태풍의 눈이 될 수도 있습니다.

여섯째는 우주적 신앙의 단계인데 이것은 흔히 제 3의 거듭남, 즉 이웃을 향하여 세상을 향하여 믿지 않는 자들의 세계로 사상이 확대되면서 가지는 공동체성을 의미합니다. 공동체성은 나를 벗어나는 것입니다. 하나님을 기쁘시게 이웃을 기쁘게 하면서 타인을 섬기고 기여하며 베푸는 데서 기쁨을 얻습니다. 이스라엘이 제사를 드릴 때 그 절정에는 공동체적 유희가 있었으며 하나님과 사람의 관계가 회복되어 누리는 공동체 식사로 마무리를 하였습니다. 그러므로 공동체성은 제의적인 완성이며 그리스도의 몸에 참여하는 첨단에 위치합니다.

3. 거룩과 화평

쏠리면 균형을 잃고 침몰한다.

교회는 순수성과 연합성, 즉 거룩과 화평의 두 날개로 비상합니다. 둘이서 균형을 이루지 못하면 교회 공동체는 혼합주의와 분리주의 중 한 극단에 직면합니다. 순수성(purity)은 교회가 죄와 세속으로부터 구별되는 거룩함의 영역입니다. 연합성(unity)은 교회가 하나가 되는 화평의 영역입니다. 교회가 '순수'만을 주장하면 분리주의가 되어 분열하고 무조건적인 '연합'만을 외치면 혼합주의가 됩니다. 교회가 순수하면서도 하나가 되려면 인애와 진리가 같이 만나고 의와 화평이 서로 입을 맞추어야 합니다(시 85:10). 어느 한 쪽만을 강조하면 뒤집지 않은 전병처럼 한 쪽은 타고 한 쪽은 설익습니다(호 7:8).

성경에서는 모든 사람과 더불어 화평함과 거룩함을 따르지 않으면 아무도 주를 보지 못하리라고 하였습니다(히 12:14). 한국 교회는 예수와 그리스도가 싸운다고 할 정도로 뼈아픈 분열의 역사를 갖고 있습니다. 우리는 엄마의 젖을 깨물던 유아 시절의 죄까지 포함하여 회개를 강조하면서 한 하나님을 아버지라고 부르는 형제자매들이 서로 분열하고 반목하며 공격하는 것에 대하여는 죄의식조차 없습니다. 과연 이런 모습을 이 땅의 교회를 위해 피와 땀과 눈물을 바친 선교사들이 상상이라도 했을까요?

언더우드 이후 100년이 지난 시점까지 우리나라에 온 선교사들은 삼천 명에 육박합니다. 서로 다른 국적과 교단에서 온 선교사들은 네비우스 선교정책에 따라 선교지를 분할하면서 연합의 모범을 보였습니다. 서로 적대적인 지역에서 남북전쟁을 겪은 미국의 남장로교와 북장로교 역시 공의회를 만들어 협력하였습니다. 교파를 초월하여 교육과 성경번역, 그리고 선교정책을 함께 하였습니다.

고대 소아시아의 대표적인 교회인 에베소 교회는 바울이 세웠고, 디모데가 계승하고 사도요한이 목회한 곳입니다. 바울의 재정 후원자, 아굴라 부부와 지적인 교사 아볼로를 배출한 곳으로 당시 이단을 방어하는 최전선이었습니다. 그러나 에베소 교회는 진리를 수호하는 데 열중하다보니 교회 안에서 형제자매들이 누리던 수평적인 사랑을 소홀히 했습니다(엡 2:4).

예수님이 요한계시록에서 에베소 교회가 버렸다고 하신 처음 사랑은 주님과의 수직적인 사랑이 아니라 핍박을 피해 모인 성도들이 서로를 위해주며 기도해주고 돌보며 마음을 합하여 교회를 세웠던 바로 그 수평적인 사랑을 의미합니다. 처음 먹어 본 라면 맛을 영원히 느낄 수 없는 것처럼 첫사랑은 다시 오지 않습니다. 단지 이제부터는 서로의 영혼을 마주하면서 만들어가는 사랑을 완성할 책임이 그들에게는 있었습니다. 그렇지 않으면 "촛대를 옮기리라"(계 2:5) 고 하셨습니다.

철학자 니체는 "괴물과 싸우는 사람은 그 싸움 속에서 스스로 괴물이 되지 않도록 조심해야 한다"고 했습니다. 에베소 교회가 맹수와 더불어 싸우다 보니 신경이 예민해지고 같은 교인들 사이에서도 서로 흠을 지적하는 바람에 교회에 다툼이 끊이지 않았던 모양입니다.

순수하면서도 연합을 깨뜨리지 않기 위해서는 본질을 지키되 그 외의 것들에 대하여는 유연성을 가져야 합니다. 바울이 고린도 교회에 보낸 첫 번째 편지에서 "이는 주의 명령이 아니라"고 한 부분이 등장하는데 성경의 권위 안에 있으면서도 다소 자유롭고 중립적인 바로 그 부분을 가리켜 '아디아포라'라고 합니다. 교리적으로 아디아포라는(직접적인 명령이 아닌 것 중에서) 인간에게 상당부분 재량권을 준 것들을 말합니다.

고린도전서의 문맥을 보면 결혼문제의 경우 타고 난 부분이 있다면 독신으로 지내도 좋지만 절제할 수 없다면 혼인을 하라고 했습니다. 예수를 믿기 전에 믿지 않던 배우자와 이미 결혼한 사람들의 경우 믿지 않는 배우자가 함께 살기를 원하면 길라서지 말고, 배우자가 갈라서자고 하면 그렇게 하되 하나님의 부르심을 따라 하라는 것입니다. 즉 '아디아포라'는 동기와 목적에 따라 허용여부가 정해지는 것입니다.

'아디아포라'는 본래 스토아 철학에서 '도덕법 이외의 것들'을 가리켰는데 이는 반드시 지켜야 할 도덕적인 명령이나 금기사항에서 제외된 것들을 말합니다. 헬라어 아디아포론의 복수로서 '아무래도 좋은 것들'이라는 뜻입니다. 절대로 타협할 수 없는 본질을 의미하는 디아포라에 부정 접두어가 붙은 단어로서 본질이 아니기 때문에 타협이 가능한 대수롭지 않은 '중요치 않은 것들' '이래도 좋고 저래도 좋은 것들' 즉 교리적으로 '중립적인 것들'을 의미합니다.

루터의 사후 2년 뒤인 1548년부터 신성로마제국의 황제 찰스 5세의 지휘 아래서 신·구교는 일치신조를 만들기에 주력했습니다. 개혁진영의 대표자는 멜랑톤이었는데 그는 이신칭의를 남겨 두고 사소한 교리는 '아디아포라'로 양보하였습니다. 이렇게 '아디아포라'의 완충지대가 결정적인 역할을 하면서 1577년 일치신조를 발표하기에 이릅니다.

고려의 충신 정몽주에게 이방원이 '이런들 어떠하리. 저런들 어떠하리…' 하면서 "하여가"를 부릅니다. 여기에 정몽주는 '이 몸이 죽고 죽어 일백 번 고쳐죽어 …' 라는 "단심가"로 대답 하였습니다. 우리는 본질에 있어서는 "단심가"를 불러야 하지만 비본질적이고 문화나 제도와 형식에 관한 부분에서는 "하여가"를 불러야 합니다.

스펄전과 조셉 파크는 당시 영국에서 가장 영향력 있는 목사였으며 대설교가였습니다. 이 둘은 서로를 향해 불만이 있었다고 합니다. 스펄전은 파크에게 "왜 목사가 극장에 드나드는가?" 파크는 스펄전에게 "왜 목사가 담배를 피우는가?"였습니다. 하지만 그것들은 모두 본질이 아니었기 때문에 결국 서로의 영역을 존중하고 필요 없는 간섭을 자제했습니다.

어거스틴은 "본질적인 것에는 일치를, 비본질적인 것에는 자유를, 그리고 모든 것에는 사랑을"이라며 둘 다 잃지 않을 것을 강조했습니다. 화이부동(和而不同)이라는 말이 있습니다. "서로 잘 지내지만(和) 동화되지는 않는다(不同)."는 뜻으로서 공존의 철학이 담긴 말입니다. 극과 극은 통합니다. "개인의 탄생"이라는 책을 쓴 래리 시덴톱은 이슬람 근본주의와 급진적인 마르크스주의를 이란성 쌍둥이라고 하였는데 이들은 모두 공적인 영역에서의 대화를 회피하고 대화를 한다고 해도 자기 이야기만 한다는 공통점이 있다고 지적했습니다.

공자는 학문을 하는데 있어서 네 가지 병폐로 의(意), 필(必), 고(固), 아(我)를 들었습니다. '의'(意)는 근거 없이 상상하는 것이고, '필'(必)은 맹목적으로 따르는 것이고, '고'(固)는 아집에 얽매이는 것이고, '아'(我)는 자신만 옳다고 여기는 것입니다. 우리는 나는 옳고 너는 틀렸다고 말할 정도로 전지하지 않습니다.

　매해 우리나라에서는 대학시험을 보는데 거의 예외 없이 출제 오류가 발생합니다. 수많은 전문가가 교차적으로 여러 번에 걸쳐 검토하고 또 검토함에도 불구하고 오류가 발생하는 이유는 인간의 한계 때문입니다. 인간은 전지하지도 전능하지도 않습니다. 눈앞에서 보고 듣는 것도 전달할 때는 달라지고 여러 단계를 거치면 전혀 다른 이야기로 변질됩니다. 그럼에도 불구하고 누가 감히 내가 알고 있는 것이 모두 옳고 너는 틀렸다고 말할 수 있겠습니까?

　장님이 코끼리 다리를 만지는 것처럼 우리는 피조물 중에서 극히 일부의 지식을 가지고 박사학위를 받는 것이 현실입니다. 책을 한 권 읽은 사람이 제일 무섭다는 말이 있습니다. 그리고 특정 분야의 책만 편식하면 다른 사람의 말을 들으려고 하지 않습니다. 그리고 어느 분파에 대한 지나친 맹신과 추종 역시 반드시 논리적 모순에 직면합니다.

　지상에서는 아무리 많이 안다고 해도 우리 모두는 부분적으로 알고 부분적으로 말할 뿐입니다(고전 13:9). 우리가 주님을 아무리 잘 알아도 안개처럼 희미할 뿐입니다(고전 13:12). 사람이 사람을 아는 것도 역시 일부분에 불과합니다(고후 1:14). 모든 판단은 하나님이 하십니다. 하나님이 하나 되게 하신 것을 힘써 지키려면 다른 사람이 오히려 나보다 낫다고 하는 겸손에서 시작해야 합니다.

4. 거울과 창문

자기를 돌아보고 이웃을 돌보는 것이 경건이다(약 1:27).

거울을 통한 자기성찰과 창문을 통한 공감과 배려, 그리고 이해와 사랑은 경건의 두 날개입니다. 창문이 없고 거울만 있으면 자기 밖에 모르는 사람이 되고, 거울이 없고 창문만 있으면 다른 사람의 약점을 찾는 사람이 됩니다. 내 눈에 거슬리는 사람이 있다면 그것은 사실 내 문제입니다. 그 사람이 싫은 이유는 그에게서 나의 모습을 보기 때문입니다. 이것이 공동체의 기능입니다. 공동체에는 자신을 비추는 반면교사가 있어서 자신을 돌아보고 우리는 모두 불쌍히 여겨야 할 죄인이며 나에게 상처를 주는 사람도 그리스도께서 위하여 죽으신 형제와 자매라는 사실을 배웁니다.

교회를 개척할 당시에 서울 강남의 한 교회에서 새 단장을 하고 남은 물건이 있다고 해서 간 적이 있습니다. 버리는 스피커와 전자 장비를 몇 개 얻고 새 단장을 하고 남은 새 의자가 있어서 염치 불구하고 기증해 달라고 했더니 얼굴도 내밀지 않고 거절했습니다. 그러면 중고가격에 팔라고 했더니 역시 그 교회 목사는 얼굴도 안 내밀고 제 값이 아니면 안 팔겠다고 하였습니다. 수천 명이 모이는 부자교회 역시 말 못할 사정이 있겠지만 당시에는 그의 태도에 무척 힘이 빠지고 쓸쓸했습니다. 이런 현상을 보고 어느 무신론자는 우리가 프랜차이즈끼리 경쟁을 한다고 비웃었습니다. 유리에 은을 발라서 내 교회, 내 민족, 내 나라, 내 식구만 챙기려는 이기주의를 버려야 합니다.

"겨울 밤 거리에서 귤 몇 개 놓고 살아온 추위와 떨고 있는 할머니에게 귤 값을 깎으면서 기뻐하던 너를 위하여 나는 슬픔의 평등한 얼굴을 보여 주겠다"는 시가 있습니다. 그 사람이 얼마나 절박한 사정에 놓였는지 뻔히 알 수 있는데 벼룩의 간을 내듯 귤 값을 흥정하는 것이 과연 사람의 도리일까요? 참된 경건은 자기를 돌아보는 거울과 이웃을 돌보는 창문을 동시에 가져야 합니다.

거울의 기능이 왜곡되면 자기 밖에 모르는 사람이 되고 창문의 기능이 왜곡되면 남의 일에 상관하고 간섭하는 무례한 사람이 됩니다. 누군가 말하지 않는 것은 말하고 싶지 않기 때문입니다. 인간이 눈이 밝아져 선악을 알게 됨으로써 상대방을 판단하고 정죄하기 시작했습니다. 아이스너글은 이것이 인간 공동체를 파괴시키는 가장 사악한 요소였다고 했습니다.

단편 "난장이가 쏘아올린 작은 공"에서 수학 선생님이 질문했습니다. "두 아이가 굴뚝 청소를 했다. 한 아이는 얼굴이 까맣게 되어 내려 왔고, 또 한 아이는 그을음을 전혀 묻히지 않은 깨끗한 얼굴로 내려왔다. 제군은 어느 쪽의 아이가 얼굴을 씻을 것이라고 생각하는가?" 아이들은 얼굴이 새까맣게 된 아이가 씻을 것이라고 이구동성으로 대답했습니다. 수학 선생님은 얼굴이 더러운 아이는 깨끗한 아이의 얼굴을 보고 자기도 깨끗하다고 착각해서 씻지 않지만 깨끗한 아이는 더러운 아이를 보고 자기도 더럽다고 생각하기 때문에 결국 얼굴이 깨끗한 아이가 씻게 된다면서 반면교사의 중요성을 이야기 했습니다.

내 안에 인정하기 싫은 부정적인 부분을 상대방에게 투사하여 상대방을 탓하는 것을 심리학에서는 '투사'라고 합니다. 그리고 상대방이 나의 투사에 걸려들어 상대방에게서 내가 투사한 부정적인 부분이 나타나는 것을 '투사적 동일시'라고 합니다. 교만한 사람은 은근히 교만한 사람이 눈에 띄고 까다로운 사람은 어디를 가든지 까다로운 사람을 만나는 이유는 '투사적 동일시' 때문입니다. 이때 성찰의 거울을 가진 사람만이 상대방을 반면교사로 삼아 자기를 돌아보고 그 악순환을 멈출 수 있습니다.

"난장이가 쏘아 올린 작은 공"에 등장하는 수학선생님은 굴뚝에 들어간 아이는 너나 할 것 없이 얼굴이 새까맣게 될 수밖에 없다는 한 차원 더 높은 교훈을 합니다. 그러므로 누구나 얼굴을 씻어야 한다는 이야기입니다. 우리 모두는 하나님 앞에서 용서 받은 죄인이며 내가 못마땅해 하는 사람 역시 '그리스도께서 위하여 죽으신 사람'입니다.

배드민턴을 하다가 뒷다리의 근육이 파열된 적이 있습니다. 코트에서 경기 중이었는데 분명히 누군가 라켓으로 가격을 한 느낌을 받았습니다. 그래서 옆에서 경기를 하는 사람에게 라켓에 근육이 맞은 것 같다고 하였습니다. 당시에는 분명히 누군가 나를 가격한 것으로 100% 확신을 하였습니다. 장딴지 근육의 파열로 상당기간 불편을 감수해야 했는데 그것이 자신을 성찰하는 기회가 되었습니다. 다른 부분에서도 내 문제인데 다른 사람을 탓하는 현상이 분명히 있었을 것이고 앞으로도 그럴 것이라는 결론에 이르자 긴장이 되었습니다.

성찰의 거울이 없는 미성숙한 사람은 자신의 들보를 보지 못하고 다른 사람의 티끌을 나무랍니다. 성찰의 거울이 왜곡되어 자기도취의 거울이 되면 거울에서 욕심의 은을 벗겨내고 공감의 창문을 만들어야 합니다. "결혼을 안 한 사람이 쉽게 이혼한다"는 터키 속담이 있습니다. 우리는 겪어보지도 않고 남을 쉽게 판단하고 정죄하는 경향이 있습니다. 창문도 역기능이 생기면 타인의 약점과 부끄러움을 캐내려고 남의 사생활을 엿보는데 악용됩니다. 창문은 오직 타인을 이해하고 필요를 살피는 공감의 창문이 되어야 합니다. 이렇게 성찰의 거울과 공감의 창문을 동시에 가진 사람이 공동체를 세우고 만들어 갑니다.

5. 독존과 공존

독존해야 공존할 수 있다.

고독은 에스프레소처럼 처음에는 쓰지만 끝에는 단 맛이 있습니다. 고독은 자신의 내면과 만나서 깊어지는 기회입니다. 고흐가 가장 좋은 작품을 남겼을 때는 가족과 떨어져 아를의 시골에 있을 때였습니다. 파스칼은 인간의 불행은 독방에 혼자 있을 수 없기 때문이라고 말했습니다. 깊은 골방의 쓴맛이 없이는 공동체의 단 맛도 느낄 수 없습니다.

사람은 어차피 혼자입니다. 마음의 고통은 자기가 알고 마음의 즐거움 또한 타인이 참여하지 못합니다(잠 14:10). 혼자 아프고, 혼자 울어야 하고 정말로 힘든 문제는 혼자 해결해야 합니다. 남이 대신 밥을 먹어도 배부르지 않으며 다른 사람의 믿음으로 구원을 받지 못합니다.

독일어에서 고독을 의미하는 단어가 둘입니다. 하나는 '외로움'(einsam)이고 다른 하나는 '독존'(allein)입니다. '독존'을 의미하는 '알아인'(allein)은 '모두'(all)와 '하나'(ein)가 결합된 단어로서 혼자 있어도 모두와 함께 있는 것과 다를 바 없는 독존을 의미합니다. 말장난 같지만 우리(we)를 뒤집으면 내(me)가 됩니다.
　　신학자 틸리히의 표현에 따르면 외로움은 '혼자 있는 쓰라림'이지만 독존은 '혼자 있는 영광'입니다. 혼자 있는 쓰라림은 사람들이 많을수록 더 외로운 군중 속의 고독을 의미합니다. 독존은 키에르케고어가 말한 '하나님 앞에 선 단독자'가 되는 것입니다. 독일의 철학자 하이데거는 "독존의 가능성은 공존의 증거다"라고 했습니다. 독존은 에너지의 비축이며, 폭발적인 사고력의 뇌관입니다.
　　추운 겨울 밤, 깊은 산 속에 살던 고슴도치 한 쌍이 얼어 죽었습니다. 너무 추워서 서로를 껴안고 몸을 녹이려고 하면 날카로운 가시가 서로를 찌르고 떨어지면 추위를 견딜 수 없었기 때문입니다. 이와 같이 가까이 다가갈 수도 없고 그렇다고 해서 떨어져서 혼자 살아갈 수도 없는 실존을 쇼펜하우어는 '고슴도치의 딜레마'라고 했습니다. 정신분석학자인 프로이트 역시 고슴도치와 같은 종인 호저를 통하여 독립의 욕망과 친밀함의 욕망 사이에서 갈등하는 인간의 딜레마를 설명하였습니다. 소그룹에 관한 성경적 기초를 저술한 아이스너글은 아담에게 '친밀성에 대한 열망'(사람이 독처 하는 것이 좋지 못하니)과 '친밀성에 대한 두려움'(무화과 나뭇잎을 엮어 치마를 하였더라) 사이의 딜레마가 있었다고 하였습니다.
　　사람은 공동체를 필요로 하지만 상처를 주고받는 곳도 역시 공동체입니다. 그래서 공동체를 회피하게 되면 상처를 받지는 않겠지만, 외로움과 미성숙도 함께 찾아옵니다. 마치 사람이 사자를 피하다가 곰을 만나거나 혹은 집에 들어가서 손을 벽에 대었다가 뱀에게 물림 같이(암 5:19) 공동체를 피해 달아나면 공동체 밖에서 홀로 싸워야 합니다.

1차 전도여행에서 바울과 바나바는 바보라는 섬에서 복음을 전합니다. 이곳은 바나바의 생질인 마가요한의 고향입니다. 바울은 마가요한의 길 안내를 받으며 이곳에서 복음을 전할 수 있었습니다. 그런데 거기서 아마 바울에게 심한 풍토병이 들었고, 그 풍토병의 치유를 위해서 바울이 먼 산악지대인 비시디아 안디옥으로 가려고 한 것 같습니다. 마가요한은 너무 멀다는 이유로 반발합니다. 지리산 노고단 해발 1500미터의 알파인 지대에 외국인 선교사들을 위해 여름철에 풍토병을 피하는 시설을 마련해 둔 것처럼 바울도 아마 이 풍토병 때문에 고산지대를 원했을 것입니다. 그런데 마가요한은 곧장 예루살렘으로 돌아가 버립니다.

지형에 익숙한 그가 떠났기 때문에 바울은 상심하였고 길을 잘 몰라서 어려움을 겪었습니다. 바울은 2차 전도여행 때 그때의 악몽을 떠올리며 마가요한을 일행에서 제외시키려고 했습니다. 이 일로 바울과 바나바는 심하게 다투고 서로 갈라섰습니다(행 15:39). 바울은 아프고 모두가 힘든 상황에서 자기의 안전만을 생각한 사람으로 마가를 오해하였습니다. 바나바는 이런 바울의 태도를 이해하지 못했습니다.

결국 마가는 바나바와 한 조를 이루고, 바울은 실라를 데리고 전도여행을 떠납니다. 나누어서 흩어진 것이 아니라 나누어서 각자를 세워나갔습니다. 철이 철을 날카롭게 하는 것처럼 바울과 마가, 둘 사이에 분명히 갈등이 있었지만 서로 소통하고 성장하는 계기가 되었습니다(잠 27:17).

마가는 원래 구브로 출신의 레위인이며 예루살렘에 있는 그의 집은 초대교회의 집회장소로 개방했습니다. 예수님이 잡히시던 밤에 베 홑이불을 버리고 도망한 청년(막 14:52) 마가는 연소해서 예수님의 직제자는 아니었지만 바울의 전도여행에 파트너가 되었고 실수도 하였습니다. 열정이 없었다면 도망갈 일도 실수 할 일도 없었을 것입니다. 그의 열정을 알아봐 주고 실수하는 마가를 바나바가 일으켜 주었습니다.

갈등은 오히려 서로가 성장하는 기회가 되었습니다. 후에 마가는 로마에서 바울과 같은 감옥에 투옥되어 바울을 섬겼습니다. 바울은 이런 마가를 골로새 교회에 추천하며 "그가 이르거든 영접하라."(골 4:10, 몬 1:24)고 편지했습니다. 디모데에게는 "네가 올 때에 마가를 데리고 오라 저가 나의 일에 유익하니라"(딤후 4:11)고 당부했습니다. 베드로는 "내 아들 마가"라고 하였습니다(벧전 5:13). 요세푸스에 따르면 그가 로마에서 베드로의 설교를 통역했고 그것을 기반으로 마가복음을 기록했다고 합니다. 갈등하면서도 함께 하는 시간이 없었다면 성숙한 마가도 없었을지 모릅니다.

6. 부분과 전체

부분과 전체를 동시에 보는 것이 지성이다.

예레미야는 예루살렘의 재난을 보고 무관심하게 지나가는 사람들을 향해 "지나가는 모든 사람들이여 너희에게는 관계가 없는가?"(애 1:12) 하고 탄식했습니다. 예루살렘을 자신과 동일시하고 슬퍼하였던 예레미야는 진정한 지성인입니다. 지성인은 지식인과 다릅니다. 지성인이란 전체를 생각하고 살아가는 사람입니다. 지성인은 오늘 나의 결정이 공동체에 10년 20년 100년 후에 어떤 결과를 가져올지 신중합니다. 지성을 가진 정치가는 나의 결정이 국가에 미칠 영향을 생각하는 책임정치를 구현합니다.

예레미야와 마찬가지로 느헤미야 역시 지성인이었습니다. 바벨론에서 왕의 신임을 받는 지위에 있던 느헤미야는 예루살렘 성벽이 무너지고 성문이 불탔다는 소식을 듣고 왕이 알아볼 정도로 수심이 가득했습니다. 바벨론에서 이 정도의 위치에 올라올 정도로 성공했으면 안주할 법도 합니다. 그런데 그는 위험한 예루살렘 총독의 자리에 임명을 받고 성벽 재건에 나섰습니다. 느헤미야는 자신의 안위보다는 이스라엘의 운명을 먼저 생각하였습니다.

성벽을 모두 재건했을 때 위험하고 이미 변방이 되어버린 예루살렘에 아무도 살려고 하지 않았습니다. 느헤미야는 먼저 자신을 포함하여 백성의 지도자들이 살게 하고 그 다음에는 자원하는 사람들, 최종적으로는 제비 뽑힌 사람들이 살게 하였습니다. 그러자 변방이었던 예루살렘은 점점 이스라엘의 중심이 되어갔습니다.

100년 전쟁의 와중에 도버해협을 사이에 두고 영국과 마주한 프랑스 칼레는 영국군의 집중공격을 받으면서 1년 여간 저항하다 항복하였습니다. 잉글랜드 왕은 대규모 보복을 하려고 했지만 항복사절단의 간청과 측근들의 요청으로 6명의 시민을 처형하는 것으로 계획을 변경했습니다. 처형 대상을 선정하는 것이 어려울 것이라는 예상을 뒤엎고 부유한 사람, 고위관료, 상류층이 자원하여 목에 밧줄을 매고 자루 옷을 입고 나왔습니다. 이 이야기는 실제가 아닐 것이라는 것이 정설이지만 조각가 로댕은 10년의 작업 끝에 "칼레의 시민들"라는 조각을 완성하여 가진 자들, 지위가 높은 사람들의 사회적 책임을 강조하는 노블레스 오블리쥬의 표상으로 삼았습니다. 프랑스 사람들이 생각하는 지성인이란 이와 같이 칼레의 시민들처럼 자기 자신만이 아니라 세상을 위해 생각할 의무를 가진 사람들을 말합니다.

하이젠베르크의 "부분과 전체"라는 책에서 "선을 위해서는 원자탄을 만들어야 하고 악을 위해서는 만들어선 안 된다. 도대체 누가 선과 악을 결정하는가?"(Heisenberg) 하고 걱정하는 모습이 나옵니다. 인류에 대한 과학자로서의 무거운 책임의식을 느끼게 하는 부분입니다. 얼마 전 전 세계 기업인들, 과학자들을 아우르는 지성인들이 모여 로봇 전사를 만들어서는 안 된다는 성명을 발표한 적도 있습니다.

기독교적 지성은 학위를 많이 가지고, 천 권의 책을 읽고, 성경을 백 번 통독한 사람을 말하지 않습니다. 한국교회의 현실을 바라보며 책임의식과 부담감을 느끼며 나아가 세계교회를 향한 고민이 있는 사람 즉 부분에서 전체를 보고 전체에서 부분을 보며 나의 역할을 고민하는 사람을 두고 하는 말입니다.

간디는 일곱 가지의 악덕을 철학이 없는 정치, 도덕이 없는 경제, 노동이 없는 부, 인격이 없는 교육, 인간성이 없는 과학, 윤리가 없는 쾌락, 헌신이 없는 종교로 요약했습니다. 이 중에서 철학이 없는 정치를 최고의 악으로 꼽았습니다.

자유주의와 공리주의를 넘어 선 공공의 이익을 추구하는 공동체주의를 강의하는 하버드 대학의 마이클 샌델 교수는 서구가 초기 민주주의 단계에서 겪은 이기주의의 부작용을 극복하려면 돈으로 살 수 없고, 돈으로 사서도 안 되는 '공공성'의 인식을 가져야 한다고 제안합니다. 돈이 발언하고 시장논리가 공공의 부분까지 잠식하는 것에 대한 지성인의 염려를 엿볼 수 있습니다. 똑똑한 사람이 자신의 두뇌를 이용해서 사회로부터 이익을 취하기만 하고 사회적 책임을 지지 않으면 그의 똑똑함은 사회를 위험에 빠뜨립니다.

샤머니즘적인 기복신앙에는 역사의식, 공동체, 윤리의식이 없습니다. 이러한 샤머니즘적 기복신앙의 모순을 통찰한 책 "복에 대한 담론"에서는 우리가 인식하는 복에는 타자가 없고 자기만 있다고 통렬하게 지적합니다. 왜곡된 복의 관념이 병든 민족주의, 국수주의, 지역감정 등으로 확대 됩니다. 교회적으로는 병든 선민의식, 개교회주의, 성공병 등으로 외연을 확장합니다.

제자 자공이 공자에게 '군자'를 무엇으로 알아보느냐고 물었습니다. 공자는 범속한 사람은 전체의 이익이 아니라 개인적인 이득만 보는데, 군자는 개인적인 이득이 아니라 전체의 이익을 고려한다고 대답했습니다. "누구를 위하여 종은 울리나?"에서 헤밍웨이는 스페인 내전에 참전하여 총을 맞고 죽어가는 한 지성인의 죽음을 두고 존 단의 시를 떠올렸습니다.

"인간은 그 자체로 완전하게 동 떨어진 하나의 섬이 아니다. … 한 사람은 대륙의 일부며 지구의 한 부분이다. … 나는 인류의 한 부분이기에 한 사람의 죽음은 나의 죽음과 무관할리 없다. 그러므로 누구를 위하여 종은 울리느냐고 묻지 말라. 그 종소리는 바로 그대를 위한 것이다."(필자 역)

"인간은 그 자체로 완전하게 동 떨어진 하나의 섬이 아니다. … 한 사람은 대륙의 일부며 지구의 한 부분이다. … 나는 인류의 한 부분이기에 한 사람의 죽음은 나의 죽음과 무관할 리 없다. 그러므로 누구를 위하여 종은 울리느냐고 묻지 말라. 그 종소리는 바로 그대를 위한 것이다."

제5부

신정론

1. 고통의 형이상학
2. 나는 더 아프다
3. 침묵의 발언자
4. 무감각의 고통
5. 파도와 조류
6. 불구하고와 때문에

1. 고통의 형이상학

하나님이 선하시고 전능하신데 악은 어디서 오는가?

영국의 경험주의 철학자며 불가지론자인 흄은 고통과 악이 존재하는 현실에서 하나님이 선하시다면 무능한 것이고 전능하시다면 악한 것인데 하나님이 선하고 동시에 전능하시다면 도대체 악은 어디서 오는 것인가? 하고 질문을 던졌습니다. 이런 질문에 합리적인 설명을 하려고 "신정론"이 등장했습니다.

교회의 스승이었던 어거스틴은 악을 선의 결핍이라고 이해했습니다. 빛에서 멀어질수록 어둠이 짙어지고(요 8:12) 생명에서 멀어질수록 죽음에 가까워지며, 선에서 멀어질수록 악이 성행한다는 것입니다. 유신론자들은 고통에 관하여 이해가 안 되어도 신을 믿어야 한다는 운명론적 관점에서 이해합니다. 17, 18세기 미국과 유럽을 지배했던 이신론자들은 하나님은 창조하셨을 뿐 다스리지 않으며 이 세상은 자연법칙에 따라 움직이기 때문에 인간의 힘으로 미래의 불확실성을 제거하자고 주장합니다. 하나님의 전능성을 제한하는 유한신론에서는 하나님을 이해해 드려야 한다는 쪽으로 기울었습니다. 유대교 학자인 쿠시너는 부족한 하나님을 용서

해야 한다고 선심을 쓰듯 이야기합니다. 이스라엘의 멸망과 홀로코스트의 고통을 겪은 대부분의 유대인들은 유한신론, 무신론, 세속주의로 흘러갔습니다.

무신론적 실존주의자인 니체는 "세상의 고통과 세상의 핍박과 기아와 학대와 이런 악의 문제를 보면서 하나님이 유일하게 하실 수 있는 말은 나는 내가 존재하지 않는다"라고 하였습니다.

실수로 돌을 던져 자신의 개 발톱에 상처를 입힌 하인에게 제독은 옷을 벗기고 사냥개의 무리 앞으로 달려가라고 명령했습니다. 개들은 소년의 어머니가 보는 앞에서 그 소년을 갈기갈기 찢어 놓았습니다. 이반 카라마조프는 신앙을 변호하는 알료샤에게 자신이 왜 그 제안을 받아들일 수 없는지 이 장면으로 설명합니다.

"이것은 무슨 놈의 조화며 이와 같은 지옥이 어디 있단 말인가 … 하나님을 나는 인정하며 이것을 부인하지 않는다. 그러나 하나님에 의하여 창조된 세계, 곧 하나님이 다스리는 세계를 나는 인정할 수 없다."

까뮈는 "반항인"에서 이반 카라마조프를 '형이상학적 반항'의 모델로 삼았습니다. 까뮈는 "가인의 후예들의 역사는 반항의 역사며 반항의 에너지를 생성시키는 것은 무엇보다도 구약 성경의 하나님"이라고 지목하였습니다. 그는 죽을 수 없는 신에 대한 형이상학적 반항의 극치를 자유로운 죽음 즉 자살이라고 생각하였으며 죽음이 인간을 자기 자신을 신으로 만들기 때문에 신은 불필요하게 된다고 하였습니다.

실존적 반항은 부조리를 대하는 방식 중 하나입니다. 실존주의에서의 부조리는 사회적 병폐나 불합리를 말하는 것이 아니라 뫼비우스의 띠처럼 선과 악, 논리와 비논리, 옳고 그름을 확정할 수 없는 답답하고 답이 없는 애매모호한 현실을 말합니다. 이런 부조리에 대하여 세 가지의 반응이 있어왔습니다.

첫째는 회피하는 것인데 문제로부터 떨어지고 도망치는 것입니다. 쾌락이나 술이나 성공을 극단적으로 추구하는 것이 한 방법입니다. 둘째는 하나님을 찾고 하나님에게서 답을 구하는 것인데 대부분의 실존주의자들은 이런 태도를 형이상학적인 환상을 품는 것이라고 비하했습니다. 셋째는 실존적 반항인데 이는 그들이 말하는 성실한 반항으로서 치열하게 결단하고 행복하기 위한 반항입니다.

"자기가 만든 자녀들이 믿지 않는다는 이유로 지옥에 보내는 신을 믿을 수 없고, 차라리 지옥에 가서 시옥에 있는 영혼들을 보듬어 주겠다"며 메시아를 자처하는 것 역시 실존적 반항입니다. 과연 인간을 위협하는 악과 고통, 그리고 그로 인한 부조리가 하나님의 책임일까요? 아니면 하나님이 없거나 무능하거나 악하기 때문일까요? 인간은 하나님의 보호아래 무한한 기쁨과 자유를 누리도록 지음 받았습니다. 그러나 인간은 자기의 왕국의 주인이 되기 위하여 하나님의 보좌를 찬탈하고 독립을 선언했습니다. 그와 동시에 인간에게는 근원적 결핍이 찾아왔으며 사탄이 그 빈자리를 대신 채웠습니다.

이 땅의 악과 고통은 모두 사탄이 갖고 있는 통치권의 결과물입니다. 이 세상은 아무 죄가 없으신 우리 주님조차 죽인 곳입니다. 욥도 고통과 악에서 예외가 아니었습니다. 사도들은 모두 순교했습니다. 하나님이 무능하시거나 악해서가 아닙니다. 아퀴나스는 이렇게 계속 하나님을 탓하게 되는 인간의 논리를 다음과 같이 지적했습니다.

"하나님이 그의 능력으로 가능한 것을 모두 하실 수 있기 때문에 전능하다고 말한다면 하나님 능력의 본질을 설명할 때 악성순환논증에 빠질 것이다."

이 세상의 부조리는 생수의 근원을 버리고 터진 웅덩이를 의지했기 때문입니다. 선하심과 생명의 근원이신 하나님께 돌아오지 않는 이상 이 세상은 아무리 철학과 도덕, 그리고 학문이 발달해도 예고 없이 닥치는 고통을 막을 수 없습니다. 만일 하나님이 은혜의 예외성과 우연을 제거하시고 주권으로 선한 사람은 보응 받고 악한 사람은 벌을 받는 구조로 돌려놓으시면 모든 인간은 자기의 죄악 중에 죽어야 합니다. 여기서 살아남을 사람은 단 한 사람도 없습니다. 그리고 지구와 지구를 둘러싼 이 세상도 더 이상 존재할 이유가 없어집니다. 정확한 인용은 아니지만 대학시절에 소책자에서 본 글을 기억합니다.

"인간이 하나님을 자발적으로 사랑하지 않는 이상, 아무리 평화회담을 열고 아무리 군축협상을 해도 우리가 사는 세상은 고통이 지속되며 결코 평화가 이루어지지 않는다."

하나님도 할 수 없는 것이 있습니다. 하나님은 악을 행하시거나 자기를 부인하실 수 없으며 거짓말을 못하십니다. 그래도 전능하십니다. 하나님이 지금이라도 당장 사탄을 지옥에 던지고 이 세상의 악과 고통을 끝내시기 원하시지만 사망의 권세아래 있는 사람을 같이 멸하실 수 없어서 참고 계십니다. 못하시는 것이 아니라 안하십니다. 그 때까지 선하고 의로운 사람이 순교하고 착한 사람이 어려움을 겪는 것을 하나님도 고통스럽게 지켜보셔야 합니다. 하나님의 아들이 골고다에서 울부짖을 때도 그냥 지켜보셨습니다.

분명한 것은 이 세상의 악과 고통은 사망의 권세를 쥐고 있는 어둠의 왕 사탄과 사탄에게 이용당하는 대행자들이 만든 것입니다. 이유를 알 수 없는 고통이 오면 우리는 왜? 라고 묻기 전에 하나님을 찾아야 합니다. 불평하고 반항하기 전에 인생의 목적을 물어야 합니다. 인생의 목적은 행복이 아니라 하나님을 아는 것이며 쾌락이 아니라 거룩함에 이르는 것입니다. 돈이 있고 할 일이 없으면 죄 밖에 지을 것이 없습니다. 선택의 여지가 없습니다. 이 세상은 죄를 짓지 않으면 심심해서 미칠 것 같은 곳입니다. 그런데 고통마저 없다면 인간이 어떻게 타인을 이해하고 영혼을 정화하며 좁은 길을 걸어가겠습니까?

2. 나는 더 아프다

하나님은 자신의 아픔으로 우리의 아픔을 치유하신다(카조).

하나님도 아프실까? 십자가에서 살이 찢어지고 고통의 피와 땀과 눈물을 쏟으시던 예수님으로 대답하셨습니다. 인기의 정상을 달리던 가수가 오토바이 사고로 하반신이 마비되었습니다. 그와 결혼을 강행하고 평생 곁을 지킨 아내가 한 말입니다. "내게 고난이 없었다면 하나님의 이름을 이렇게 간절하게 부를 수 있었겠는가?"

인생의 현실은 고난입니다. 고난은 인류 보편적인 현상입니다. 이러한 보편적인 고난의 현실을 깨닫는 순간 뜻 밖에 찾아온 기쁨이 얼마나 소중한 것인지, 다른 사람이 베푸는 친절이나 선의가 얼마나 감사한지, 사랑이 얼마나 큰 의미를 가지는지 알 수 있습니다. 시편에서 모세는 진실로 인생은 수고와 슬픔뿐이라고 하였습니다. 기쁨이 아닌 수고와 슬픔이 인생을 대변한다는 것입니다. 오죽하면 실존주의자들이 인생을 형벌이라고 했을까요? 고난이 없기를 바라는 것은 제주도에서 바람이 불지 않기를 기대하는 것과 같습니다. 모든 일이 다 잘되어야 한다는 당위적 사고를 갖게 되면 조그마한 어려움에도 불만과 억울함과 서운함을 느낍니다.

교회가 어려움을 겪을 때 믿음이 연약한 성도가 아예 신앙을 포기했습니다. 교회 역시 어려움을 만나는 것은 인류보편적인 문제입니다. 기독교 역사에서 교회가 어려움이 없었던 적은 없습니다. 교회가 왜 어려움을 겪느냐고요? 사탄이 자기왕국을 위협하는 교회를 가만 두겠습니까? 지금은 영적전쟁의 상황입니다.

유쾌함으로 가득했던 찰리 채플린의 은막 뒤에는 뼈만 앙상한 가족이 있었습니다. 알코올 의존증이 있는 그의 아버지는 집을 나가고 9세 이전에 보육원에 두 번 맡겨졌으며 14세에는 어머니가 정신병원에 수용되었으며 가난이 그를 따라다녔습니다. 그는 이러한 자신의 현실을 반영하듯 인생은 멀리서 보면 희극이지만 가까이서 보면 비극이라고 했습니다. 국회의원까지 지내고 폐암으로 세상을 떠난 한 코미디언이 웃음을 깊게 파고 들어가면 결국 슬픔의 껍데기라는 것을 알게 된다고 하였습니다.

마크 트웨인은 "천국에는 유머가 없다… 유머 자체도 알고 보면 기쁨이 아니라 슬픔에서 출발한 것이다"라고 하였습니다. 절망이 없이는 유머도 없습니다(토미 웅거). 베토벤의 음악에는 두 가지 주제가 있습니다. 하나는 '고통'이고 다른 하나는 '환희'입니다. 귀가 안 들리고 경제적인 고통을 겪을 때 역설적으로 그의 음악은 환희를 담아냈습니다. 고통을 모르는 사람은 진정한 기쁨의 의미 또한 알 수 없습니다.

기독교인에게 고통이 없다는 것은 하나님이 간섭하지 않고 교육이 중단된 채 내버려 두시는 상태를 말합니다. 그것이 심판입니다. 고통을 피해 달아나는 것은 자식이기를 포기하는 것입니다. 고통은 우리를 궁극적 관심사로 부르시는 초청장입니다. 고통이 없다면 부르심도 없습니다. 하나님은 고난을 통해 성품을 다듬으시는 조각가입니다(스미디스). 하나님은 한 손에 끌을 다른 한 손에는 망치를 들고 조각목 같은 인생의 굳어진 자아를 다듬으십니다.

사람은 고통이 오면 성소로 달려갑니다. 핏줄이 당기는 것처럼 고통의 순간 그리스도인은 하나님께 끌립니다. 시편 73편을 기록한 시인은 악인의 형통과 의인의 고난이라는 이해하기 힘든 역설을 성소에 가서야 깨달았습니다. 그는 악인의 형통은 내버려 두심의 결과며 심판의 근거가 축적되고 있다는 것을 알고 그의 불만이 찬송으로 변했습니다. "하늘에서는 주 외에 누가 내게 있으리요. 땅에서는 주 밖에 내가 사모할 이 없나이다."(25) 시편에는 악의 기세 앞에서 침묵하시는 하나님께 대한 답답함을 토로한 곳이 많지만 결국 시편의 마지막은 할렐루야로 마무리합니다. 이 할렐루야를 받아내시기 위해 그렇게 긴 시편이 필요했습니다.

엘리야는 갈멜산에서 바알과 아세라의 제사장들에 대하여 극적인 승리를 거두었으며 오직 여호와만이 하나님이심을 온 세상에 공포하였습니다. 그러나 악의 뿌리는 여전했으며 이세벨이 엘리야를 죽이겠다고 맹세하면서 온 이스라엘에 수배령이 떨어졌고 악의 끈질김 앞에 기겁한 엘리야는 결국 탈진하여 자기를 비하하고 죽여 달라고 애원했습니다. 이 때 엘리야를 치유한 것은 지진도 폭풍도 기적도 아닌 하나님의 일하시는 방법을 알리시는 세미한 음성이었습니다. 엘리야는 그 방법이 최선일 것이라고 생각하지 않았겠지만 하나님의 일하시는 방법에 항복하고 영혼에 쉼을 얻었습니다.

대학 4학년 때 합격통지서를 받고 입학을 며칠 앞 둔 한 자매가 주일 새벽 기차에서 내리다 바퀴에 빨려 들어가 두 다리를 잃었다는 소식을 들었습니다. 목사님의 외동딸이었고 지방에 있는 작은 아버지의 교회에서 성경학교를 열어주고 오는 길이었습니다. 당시 총학생회장이었던 필자는 연락을 받고 달려가 경희 의료원 2506호 앞에 멈추었습니다. '죽겠다'고 절규하면 어떻게 하나? '하나님이 어디 있느냐'고 원망하면 어떻게 하나? '아무도 보기 싫다'며 마음을 닫아 버리면 어떻게 하나? 망설이다가 조심스레 문을 열었습니다. 그런데 자매는 사고를 당한 사람이라고는 믿을 수 없을 만큼 환하게 웃었습니다. 오히려 두 다리가 성한 우리를 위해 자신의 당한 일 때문에 믿음이 약해지지 않기를 기도해 주었습니다. 병실 문 앞에서 망설이던 자신이 한 없이 부끄럽게 느껴졌습니다.

하나님도 우리처럼 아프고 안타깝고 간절하실까요? 아니면 그냥 모든 것을 달관하신 채로 지켜만 보고 계실까요? 하나님은 뒷짐 지고 계시면서 잘하면 상주시고 못하면 벌주시는 그런 무심한 분입니까? 예수님은 나사로의 죽음 앞에서 우셨습니다. 그 눈물이 나사로를 다시 살렸습니다. 눈물을 흘리실 만큼 하나님도 마음이 아프십니다. 철학자 플랜팅가는 말했습니다.

"하나님은 피조물의 고통을 그저 바라보고만 계시면서 할 일 없이 서 있는 분이 아니다. 그는 우리의 고통 한 가운데로 들어오시고 그것을 함께 하시는 분이다. 그는 그의 아들 예수 그리스도의 십자가의 고통을 보시며 함께 괴로워하신다. 어떤 신학자들은 하나님은 고통스러울 수 없다고 말한다. 그러나 나는 그들이 틀렸다고 믿는다. 하나님이 고통당할 수 있는 능력은 그의 위대함에 비례한다. 그의 지식이 우리의 능력을 훨씬 뛰어넘는 것과 똑같은 기준과 방법으로 그의 고통의 능력도 우리의 그것을 초월한다. 그리스도는 지옥의 고통을 견디도록 준비되어 있었다."

하나님의 아픔은 사랑의 크기와 비례합니다. 우리의 고통이 클수록 역설적으로 하나님의 사랑도 뜨겁습니다. 하나님이 얼마나 우리를 사랑하시느냐고요? 예수님이 십자가에서 두 팔을 벌려 답을 주셨습니다. 아들의 죽음과 고통을 바라보시면서 겪으신 아픔은 사랑의 크기입니다. 하나님의 아들이 지옥의 고통까지도 견디도록 준비하실 때 아버지도 그의 아들의 비참한 고통을 바라보시는 고통을 견딜 준비가 되어 있었습니다. 일본의 신학자 기타모리 카조는 그의 책 "아픔의 신학"에서 하나님이 우리의 아픔 때문에 가슴이 찢어지고 아프고 상처받으신다는 것을 증언합니다.

"하나님은 자신의 아픔을 가지고 우리 인간들의 아픔을 해결해 주시는 하나님이시며, 예수 그리스도는 당신의 상처로서 우리들 인간의 상처를 고쳐주시는 주님이시다."

씨 에스 루이스는 "고통의 은혜"에서 말합니다.

"이처럼 하나님이 감정을 초월한 분이면서도 마치 열정에 휘말린 듯 말씀하시며 영원히 충만하신 분이면서도 무언가 필요한 것처럼 자신이 처음 적신으로 창조한 이래 계속해서 모든 것을 공급해 오신 바로 그 존재들이 필요한 것처럼 말씀하시는 것을 이해하려면 그가 순전히 기적을 통해 스스로 갈망을 느낄 수 있는 존재가 되시고 우리만이 채워드릴 수 있는 무언가를 자기 안에 창조해 내셨다고 볼 수밖에 없습니다."

하나님은 관념이 아닙니다. 초월적으로만 존재하는 구경꾼도 아닙니다. 인간에게 따뜻한 살과 피를 주신 하나님은 그 인간과 함께 아프고 고난을 당하시고 눈물을 흘리십니다. 공동번역에서 예레미야 31장 20절은 이렇게 기록되어 있습니다.

"오냐! 에브라임은 내 아들이다. 눈에 넣어도 아프지 않은 나의 귀염둥이다. 책망을 하면서도 나는 한 번도 잊은 일이 없었다. 가엾은 생각에 내 마음은 아프기만 하였다. 내가 진정으로 하는 말이다."

북이스라엘 에브라임은 남쪽 유다의 예루살렘에 있는 중앙성소와 별개로 단과 벧엘에 금송아지 재단을 만들고, 십계명에 금하신 형상을 만들었습니다. 시간이 지나면서 그들은 더욱 이방인처럼 되었고, 언약은 땅에 떨어졌습니다. 하나님은 이러한 그들의 실패를 안타까워하시고 가슴아파하셨습니다. 자식하나 없는 셈 치면 되는 일이 아니었습니다. 그들이 자초한 고통 때문에 하나님의 마음에 짐이 되고 아픔으로 자리를 잡았습니다.

우리는 하나님이 왜 우리에게 이런 고통을 허용하시는지 속시원하게 설명할 수 없습니다. 단지 하나님이 우리의 고통을 바라보시며 아파하시고 고통당하셨다는 그 측량할 수 없는 사랑의 크기는 의심의 여지가 없습니다. 하나님은 아픔을 제거하시는 대신 그 아픔의 한 복판에 성육신 하셨습니다. 목격자들은 그를 보고 만지고 느꼈습니다. 우리는 그를 통해 하나님을 알았고 하나님의 사랑이 무엇인지 깨달았습니다.

　　인생의 깊이는 그가 누린 것이 아니라 그가 겪은 고난의 크기와 비례합니다. 투르니에는 "고통보다 깊은"에서 고통은 마치 두꺼운 껍질을 깨뜨려서 그 안에 있는 호두와 같은 창조성을 선물하는 과정이라고 하였습니다. 또한 그는 사별, 손실, 상실의 과정과 창조성 사이에 모종의 관계가 있음을 확신한다고 기술했습니다. 그것을 거부하고 회피하면 인생이 퇴보하고 그것을 수용하고 적응하면 인생을 창조적으로 변화시킵니다. 오늘 답답하고 지지부진한 현실이 없다면 모든 신앙은 관념에 머물 것입니다. 하나님을 아는 것이 나의 고백이 되며 인격적이고 경험적인 지식이 되려면 현실이라는 콘텍스트가 있어야 합니다. 하나님이 거기에 당신의 본문을 담으시고 당신을 아는 지식을 펼치십시오.

3. 침묵의 발언자

하나님은 말씀하신다. 내가 듣지 못할 뿐이다.

<u>인문주의자</u> 에라스무스의 "사랑의 하나님이 어떻게 지옥을 만들 수 있는가?"라는 질문에 대하여 루터는 "사랑의 하나님에서는 이해가 안 되지만 숨어 계시는 하나님에서는 이해가 된다."고 대답합니다. 루터에 의하면 '숨어 계시는 하나님'(사 45:15)이 십자가에 나타나셨습니다. "어찌하여 나를 버리셨나이까?"라는 아들의 절규 속에 모습을 드러내셨습니다. 하나님을 만나기 위해서는 화려하고 튼튼한 성공의 바벨탑을 쌓을 것이 아니라 "하나님, 하나님, 어찌하여 나를 버리셨나이까?"하고 절규하시는 십자가로 달려가야 합니다.

인간은 사랑의 시를 쓰고 사랑으로 문학을 하고 이야기를 장식하지만 하나님의 사랑은 십자가에 나타났습니다. 루터는 당시 유행하던 영광의 신학에 반대하면서 '십자가에 달리신 하나님'이라는 "십자가 신학"을 전개합니다. 영광의 신학은 신비주의나 인간의 공로, 그리고 철학적 사변 등을 통해 하나님을 인식하고 하나님과의 합일에 이르고자 하는 시도를 말하는데 루터는 모세가

하나님의 등만 볼 수 있었던 것처럼(출 33:20) 영광의 신학은 불완전하다고 생각하고 대신, 우리가 십자가로 나갈 때만이 하나님을 인식할 수 있다고 역설합니다. 모세가 속죄의 피를 들고 지성소에 들어가 속죄소 위에 계신 하나님을 만난 것처럼 하나님을 만나고 인식하려면 자신의 공로를 버리고 오직 십자가를 의지해야 합니다. 피를 들고 찾아온 모세를 하나님은 사람이 그 친구와 이야기함 같이 대면하여 만나셨습니다(출 33:11). 거기에는 인간의 공로와 자격이 아무런 의미가 없고 가난하고 상한 마음으로 하나님 앞에 서야 합니다.

동양의 까뮈로 평가받는 한국의 작가가 쓴 "순교자"라는 실존주의 소설이 있습니다. 한국전쟁 당시 국군이 평양으로 진격하기 직전 북한군에게 잡혀있던 12명의 목사가 죽고, 2명이 살아남습니다. 생존한 둘 중에 한 명은 미쳤습니다. 군 당국은 공산주의의 만행을 고발하고, 전쟁의지를 북돋기 위해서 12명을 순교자로 발표했습니다. 살아남은 신 목사도 자신은 변절자며, 12명은 숭고한 순교자라고 말했습니다. 이 소식을 들은 주민들은 12명이 설교하던 교회를 순례하며 순교자의 덕을 기리고, 신 목사는 변절자라고 성토하며 배척했습니다. 그러나 북한군 장교가 생포되면서 순교자로 알려진 이들은 사실 개처럼 부르짖으며 목숨을 구걸했고, 한 사람은 미쳤으며, 신 목사만이 북한군 장교에게 침을 뱉으며 저항을 하자 신 목사에게 묘한 매력을 느낀 고위 장교가 그를 살려주었다는 진술을 함으로 진실이 밝혀졌습니다.

그렇다면 신 목사는 왜? 그런 거짓말을 한 것입니까? 왜 사실대로 말하고 날아오는 돌멩이를 피하지 않은 것입니까? 이것은 신목사의 실존적 결단이었습니다. 신 목사는 마음에서 이미 굶주림과 전쟁, 질병과 같은 참담한 고통에 시달리는 사람들을 보며 "우리들의 기도를 듣는 신은 없다."는 결론을 내렸지만 마지막 희망마저 잃으면 죽게 될 민중을 끌어안았습니다. 그래서 고통스런 삶을 지탱하도록 도와주던 지도자들을 순교자로 둔갑시키고 자신이 대신 변절자의 십자가를 진 것입니다. 신 목사에게 사실이나 믿음의 대상은 중요하지 않았습니다. 사람들에게 필요한 것은 희망이었습니다. 그는 신이 버린 사람들을 껴안고 메시아처럼 행동했습니다. 작가는 1.4 후퇴 때에도 피난을 거부하고 고난당하는 현장에 남은 신 목사를 통해 부조리, 반항, 모순의 책임을 하나님께 돌리고 하나님을 고통의 현장에서 추방했습니다.

일본의 엔도 슈사쿠는 역시 실존주의 계열의 "침묵"이라는 소설을 썼습니다. 신부가 배교하고 교황청이 그를 파면하면서 이야기는 시작됩니다. 그럴 리기 없다며 스승을 굳게 믿는 그의 제자 로드리고는 진상을 알고자 일본에 몰래 들어갑니다. 로드리고가 바라본 현실은 참담했습니다. 순교자들은 목이 잘리고 구멍에 거꾸로 매달려 고통스럽게 죽어갔으며 개펄에 매달린 채 밀물에 수장되었습니다. 그럼에도 불구하고 세상은 아무 일도 일어나지 않은 것처럼 고요하고 평화롭기까지 했으며 핍박하는 자들은 희희낙락거리고 여유가 넘쳤습니다. 이 광경에 절망한 로드리고는 절규합니다. "하나님 왜 가만히 계십니까?" "하나님은 어디에 계십니까?" "하나님은 왜 침묵하십니까?"

로드리고는 안내자 기치지로의 밀고로 붙잡혀 투옥됩니다. 그 때 스승이 로드리고를 면회 와서 하는 말은 더 충격적이었습니다. 일본은 종교의 늪지대이므로 순교를 해도 이 땅은 요지부동할 것이라며 배교를 종용한 것입니다. 결국 자신을 지탱하던 버팀목이 모두 사라졌다고 생각한 로드리고는 예수님의 초상화를 밟고 지나갑니다. 그 때 침묵하시던 하나님이 말씀하십니다.

"밟아도 좋다. 네 발은 지금 아플 것이다. 오늘까지 내 얼굴을 밟았던 인간들과 똑같이 아플 것이다. 하지만, 그 발의 아픔만으로 이제는 충분하다. 나는 너희의 아픔과 고통을 함께 나누겠다. 그것 때문에 내가 존재하니까… 나는 침묵하고 있었던 게 아니다. 함께 고통을 나누고 있었을 뿐."

로드리고는 상하고 가난해진 가장 낮은 자리에서 하늘의 음성을 들었습니다. 화려한 바벨탑도, 성취의 정상도 아닙니다. 실패하고 자신에게 실망하고 배교했을 때입니다. 자신만만해서 일본에 밀입국했을 때에는 침묵하시던 하나님이, 무겁고 참담한 심정으로 절망하고 죄책감과 무력감에 치를 떨고 있던 그 때에는 입을 여십니다. 거기서 현존하시는 그리스도를 발견하였습니다. 고통이 올 때 우리는 절규합니다. "하나님 그 때 어디에 계셨습니까?" "하나님의 자녀가 죽음과 고통의 때 있을 때 하나님은 무엇을 하고 계셨습니까?" "왜 가만 두고 보셨습니까?" 하박국도 시편의 시인도 외쳤습니다. "주여 언제까지입니까?" 로드리고는 이렇게 가장 비참한 인간 실존의 밑바닥에서 자기를 찾아오신 하나님을 만났습니다.

"그분은 결코 침묵하고 있었던 게 아니다. 비록 그분이 침묵하고 있었다 하더라도 나의 오늘까지의 인생은 그분과 함께 있었다. 그분의 말씀을, 그분의 행위를 배우며 그리고 말하고 있었다."

유대인이 학살당한 아우슈비츠 가스실의 벽에는 누군가 써 놓은 이런 낙서가 있었다고 합니다.

"지금은 빛이 비치지 않으나 나는 빛이 있음을 믿는다. 지금은 사랑을 받고 있지 않으나 나는 참 사랑이 있음을 믿는다. 지금은 침묵하셔도 나는 하나님이 살아 계심을 믿는다."

4. 무감각의 고통

감각 없는 고통이 가장 큰 고통이다.

정신분석학자인 프로이트가 말한 인간이 고통을 겪는 세 가지 이유가 있습니다. 하나는 인간의 육체입니다. 태어나는 즉시 죽음을 향해 가는 육체는 병들고 아프고 쇠락합니다. 다른 하나는 상황적 취약성입니다. 인간은 온갖 천재지변과 테러, 부조리, 정치적 억압에 노출되어 있습니다. 마지막으로 타인과의 관계에서 일어나는 비교의식, 열등감, 욕망, 질투심 등입니다. 프로이트는 술에 취하거나 종교에 빠지는 것을 약자의 결론으로 단정하고 성숙한 승화를 통해 보다 나은 통찰력을 가지는 것이 여기서 벗어나는 유일한 길이라고 하였습니다.

그러나 성경이 말하는 고통의 원인은 인간이 자초한 일입니다. 육체가 인간에게 고통을 주기 시작한 것은 인간이 생명의 근원에서 이탈하여 독립을 선언한 그 다음부터입니다. 오히려 고통은 하나님이 부르시는 초청장입니다. 프로이트가 말한 승화는 임시방편이며 이것을 전부로 알고 안주하게 되면 무덤에 회칠을 하는 것과 같습니다.

전 세계적으로 아무런 고통을 느끼지 못하는 무통증 환자가 150명 정도 있습니다. 이들은 배고픔, 출산의 고통, 뜨거움, 매운 맛을 전혀 못 느낍니다. 그래서 대부분 실명, 과다출혈, 골절과 같은 심각한 문제를 겪습니다. 감각이 없는 고통처럼 큰 고통은 없습니다. 고통이 없는 질병이 가장 무섭고 무감각의 고통이 가장 큰 고통입니다.

　　"바다와 독약"이라는 책이 있습니다. 주인공으로 등장하는 일본의 젊은 군의관은 2차 대전이 막바지에 이르렀을 때 미군포로의 생체실험을 하는 데 투입되었습니다. 그는 수술이라고 속여 왼쪽 폐를 잘라 내고 오른쪽 폐의 상엽과 다리를 절단한 채 얼마나 살 수 있는지를 실험했습니다. 그 때 양심의 소리를 듣습니다. "살인이다" 다른 한 쪽에서는 계속 합리화를 합니다. "나는 책임이 없다" "나는 명령에 따랐을 뿐이다" 내면에서 두 자아가 격돌하다 무덤덤해지더니 점점 미쳐갔습니다. 그의 무감각은 내면을 붕괴시키고 인간의 존엄성과 품위를 동시에 앗아갔습니다.

　　신앙에도 사춘기가 있습니다. 기도응답이 지연되고 하나님이 숨어계시는 것 같은 고통스런 느낌이 오면 비로소 생각을 시작합니다. 신앙이 성숙해가는 것은 이때입니다. 생각을 통해서 성경에 기록된 진리가 자기를 통과하여 무의식의 동의를 얻어내기 때문입니다. 모든 일이 잘 풀리고, 아무런 고민도 없고, 어떤 고통도 겪지 않는다면 우리의 신앙은 검증할 기회조차 없습니다.

　　스티븐 아터번은 한 남자와 바위와 하나님을 등장인물로 하는 이야기를 하였습니다. 하나님이 한 남자에게 꿈에 나타나셔서 정원에 있는 큰 돌을 밀어내라고 하였습니다. 남자는 순종하는 마음으로 끙끙거리면서 밀었지만 꿈쩍도 하지 않았습니다. 이렇게 몇 주가 흐른 다음 남자가 불평을 시작하였습니다. 하나님 도대체 왜 이렇게 무의미한 일을 시키십니까? 다시 꿈속에서 하나님이 말씀하셨습니다. "나는 너에게 돌을 밀라고 했지 움직이라고 한 적은 없다. 그 돌은 오직 나만 움직일 수 있다. 때가 되면 내가 움직일 것이다. 그런데 네가 돌을 미는 동안 손바닥에 굳은살이 생기고 근육이 강해졌으며 지혜로워지기까지 했지 않느냐?" 남자는 불평을 멈추었습니다. 고통이 없으면 지혜가 안 생깁니다. 혹독한 추위가 없으면 벌은 꿀을 저장하지 않습니다.

고통은 사람이 늙어가지 않고 무르익게 합니다. 노인이 아니라 어른을 만드는 것입니다. 고통으로 내면이 깨어진 경험이 없으면 남을 이해할 줄 모르고 고집스럽고 완고하며 타협할 줄을 모릅니다. 그러나 고통으로 내면이 깨어진 사람은 나이를 먹으면서 이해 못할 일이 줄어들고 주름은 노화의 흔적이 아니라 눈물이 만든 골고다 언덕이 됩니다. 그 얼굴에서 사람들은 예수를 보고 예수를 생각합니다.

히브리어 광야는 '말하다'는 원형을 가지고 있습니다. 바울은 부활하신 주님을 만난 직후에 모든 소음이 차단된 아라비아 광야에서 3년 동안 먼저 하나님의 음성에 귀를 기울인 후에 기둥사도들을 만나기 위해 예루살렘에 갔습니다. 이스라엘이 나라를 잃고 이방인의 포로가 되면서 경험한 역사의 광야에서 2만 5천 페이지에 75킬로그램의 무게와 1m 70cm 의 높이로 쌓을 수 있는 탈무드를 기록합니다. 고난이 깊어갈수록 그 내용도 역시 깊어졌습니다.

고통은 은에서 찌끼를 제거하듯 신호를 방해하는 소음을 차단하여 하나님의 음성에 귀를 기울이게 합니다. 이스라엘의 포로기는 묵시문학의 요람이 되었습니다. 하나님의 백성들이 이방인에게 짓밟히고, 처녀 딸 시온이 농락을 당할 때, 이스라엘의 미래에 대한 예언이 초월적 하나님 나라에 대한 환상으로 승화되면서 묵시가 되었습니다. 그리고 로마에 의한 극심한 핍박이 있을 때 교회의 최종적 승리와 하나님 나라의 도래를 전망하면서 다시 신약적 묵시문학이 꽃을 피웁니다. 하나님이 예비하신 나라가 너무 장엄하기 때문에 환상과 상징으로 밖에 볼 수 없었지만 그것을 읽는 사람은 절망의 나락에서 하나님 나라를 소망하며 견뎠습니다.

신약은 상당부분은 옥중서신입니다. 권력의 심장부였던 로마의 가택연금과 바울을 감금했던 곳이 기록장소입니다. 특히 디모데후서는 처형 직전에 썼는데 장소는 비가 오면 침수되는 테베레 강변의 눅눅한 감방이었습니다. 바울은 루스드라에서 돌에 맞아 죽은 시체처럼 되어 돌무더기에 깔려있을 때 삼층천을 경험했습니다.

5. 파도와 조류

큰 그림을 보는 것이 믿음이다.

예수를 믿으면 갑자기 모든 일이 잘 풀리고 완전성화가 되어 죄의 유혹을 받지 않거나 구름 위를 나는 것처럼 황홀하고 초영적인 삶이 펼쳐진다고 생각하면 실족합니다. 예수를 믿고 기도를 해도 속을 썩이는 사람은 여전히 존재하고, 나 자신의 연약함에 절망하기를 계속해야 하며, 경제적 어려움, 질병, 사람이 떠나고 관계가 깨지는 상실의 고통, 나를 슬프게 하는 한 날의 괴로움은 여전하며 그 속에서 치열하게 계속되는 믿음의 선한 싸움이 있을 뿐입니다.

예수를 믿으면 분명히 달라지는 것이 있습니다. 그것은 내 안에 그리스도가 사심으로 그의 형상이 나의 두꺼운 자아를 뚫고 점점 나의 인격과 삶의 전면에 등장한다는 사실입니다. 같은 고난을 당해도 그 성격과 의미가 달라지며 더 이상 저주로서의 가난과 고통과 질병은 없고 여전한 고통의 이면에서 총체적인 회복이 일어나기 시작하여 통전적인 구원이 완성을 향해 나아갑니다. 이것이 우리가 주목해야 할 믿음의 조류입니다.

바다는 밀물과 썰물이라는 조류를 형성하면서 바다의 생명력을 유지합니다. 끊임없이 파도가 치지만 사실 우리가 주목해야 할 것은 조류입니다. 우리는 대부분 파도 같은 문제만 보고 큰 조류를 보지 못합니다. 이 땅에서 고난을 면하고 편안함만을 추구하다 더 좋은 부활을 잃어버릴 수 있습니다. 전투에는 이기고 전쟁에는 지는 경우, 지갑은 두둑해졌는데 인간관계를 상실하는 경우, 논쟁에는 이겼는데 존경심을 잃어버리는 경우, 성공은 했는데 건강을 상실하는 경우가 그것입니다.

오늘의 작은 소원이 이루어지지 않아도 큰 그림을 보면 좌절하지 않습니다. 오늘 당장의 아파트 평수를 늘리기 위해서 앞 만 보고 달리는 것은 파도에 밀려다니는 삶입니다. 뒤처질까 두렵고, 혹은 막연한 불안 때문에 남이 하는 것은 무작정 따라 하고 자신의 무기력한 느낌과 싸우기 위해서 권력을 추구하고, 자신의 무가치감을 상쇄하기 위해 명예에 집착하고, 자신의 빈곤의식과 싸우기 위해서 소유를 과도하게 추구하는 것은 파도를 막아보려는 허탄한 시도입니다. 체코출신의 프랑스 망명 작가인 밀란 쿤데라가 "참을 수 없는 존재의 가벼움"에서 내비친 말이 있습니다.

"짐이 무거우면 무거울수록, 우리 삶이 지상에 가까우면 가까울수록, 우리 삶은 보다 생생하고 진실해진다. 반면에 짐이 완전히 없다면 인간 존재는 공기보다 가벼워지고 어디론가 날아가 버려, 지상의 존재로부터 멀어진 인간은 겨우 반쯤만 현실적이고 그 움직임은 자유롭다 못해 무의미해지고 만다."

미국의 플로리다에서는 '겨울이 추울수록 오렌지가 달다'는 속설이 있습니다. 순조로운 자연환경에서 풍요에 길들여진 민족은 다른 민족에게 정복당하거나 민족 자체가 사라졌습니다. 맑은 날씨만 계속되면 사막이 됩니다. 풍년이 계속되면 농산물 가격이 폭락하여 농업이 도산하는 풍년의 역설을 겪습니다. '검은 황금'이라고 불리는 석유 때문에 중동의 산유국들은 서구 열강의 각축장이 되었고 석유수출국기구(OPEC)의 한 수장은 그런 이유로 '악마의 배설물'이라는 이름을 붙였습니다. 우리의 삶에서 크고 작은 일에 일희일비하지 말고 큰 흐름을 볼 수 있어야 물이 들어올 때 배를 띄울 수 있습니다.

바울이 루스드라에서 돌에 맞아 죽은 줄 알고 돌을 던지던 사람들이 돌아갔는데 돌무더기를 헤치고 나와서 옷을 툴툴 털고 복음의 여정을 계속했습니다. 그는 복음을 전하는 동안 수많은 파도를 만났습니다. 남의 병은 고치면서 자신은 병자로 살았습니다. 그러나 하나님이 그를 통해 이루시려는 큰 조류는 그 어떤 세력도 막지 못했습니다.

종교개혁자 캘빈은 가톨릭 치하에서 지속적인 목숨의 위협을 받았고, 31세에 자녀가 일곱 딸린 과부와 결혼했는데, 둘 사이에 태어난 아들이 얼마 후에 죽고, 부인마저 결혼 9년 만에 세상을 떠났습니다. 캘빈은 이후 15년을 독신으로 살았는데 두통, 천식, 소화불량, 열병, 담석, 통풍에 시달리는 걸어 다니는 종합병원이었습니다. 그는 평생 병과 피로에 시달리다 54세에 세상을 떠났지만 하나님의 영광을 가릴 수 있다는 노파심에 묘비마저 거절했습니다. 그를 통해 시작된 개혁파의 생수가 흘러가는 곳마다 청교도 사상, 건강한 의미의 자본주의, 직업에 대한 소명의식, 성경적 세계관이라는 커다란 조류를 형성했습니다. 그는 파도를 겁내거나 굴복하지 않고 조류에 집중하면서 종교개혁 이후 교회가 나아갈 방향을 제시했습니다.

6. 불구하고와 때문에

역경에도 불구하고가 아닌 역경 때문에 성장한다.

고등학교 시절에 극한의 아르바이트를 한 적이 있습니다. 친구들이 포근한 잠자리에 있을 때 새벽에 일어나 신문을 돌렸습니다. 추운 겨울 이불의 유혹을 이기고 일어나 신문을 돌리는 일은 오직 자신과의 싸움이었습니다. 비가 내리고 눈보라가 있는 날이 가장 힘들었지만 일을 마치고 새벽에 떠오르는 태양을 등진 채 신문을 펴고 따끈한 명문장의 글을 읽으면서 세상을 배웠으며 읽고 쓰는 꿈을 꾸었습니다.

미국의 경제지 "포브스"는 워렌 버핏, 톰 크루즈, 잭 웰치, 월트 디즈니 등과 같은 미국의 억만장자 400명의 이력을 조사한 결과 첫 직업으로 가장 많이 택한 것이 신문배달부였다는 사실을 발견했습니다. 제프리 폭스는 이 보도에 착안하여 "레인 메이커"라는 책을 쓰고 친구들이 놀고 있는 시간에 역경에 맞서 싸운 이들이 조직에 단비를 내리는 기업가 정신을 가진 사람으로 성장하는 과정을 묘사했습니다.

미국의 폴 스톨츠는 "역경지수"라는 책에서 우리가 위인이라고 하는 사람들은 역경에도 불구하고 위인이 된 것이 아니라 역경 때문에 위인이 되었다고 하였습니다. 제 아무리 뛰어난 위인이라고 해도 역경이 없었다면 위인이 되지 못했을 것이라는 것이 그의 생각입니다. 그는 역경에 대응하는 방식을 등산에 비유하였습니다. 첫째는 멈추고 회피하는 '퀴터'(Quitter)입니다. 둘째는 어려움을 만나면 대안을 찾지 않고 현실에 안주하는 '캠퍼'(Camper)입니다. 그리고 셋째는 사력을 다해 역경이라는 산을 정복하는 '클라이머'(Climber)입니다. 이들은 동료들까지 격려하면서 함께 극복해 나가는 동료의식까지 투철합니다. 클라이머는 역경지수가 높은 사람을 의미하며 이들은 도전이 거셀수록 응전의 근육 또한 더 발달하여 그들을 성장하게 합니다.

"시드니에는 시인이 없다"는 시구가 있습니다. 시는 아름다운 자연과 부족할 것이 없는 환경에서 나오지 않고 잠을 못 이루고, 고뇌하며, 울부짖는 치열한 고통의 토양에서 피는 언어의 꽃이라는 생각이 시구에 깔려 있습니다. 시드니에 사는 것은 시인이 보기에 축복이 아닙니다. 오히려 매일 불안에 시달리며 하루 벌어 하루를 사는 사람에게서 인생의 추운 겨울을 녹여내는 시가 나옵니다. 열대지방의 꿀벌은 꿀을 모으지 않습니다. 추운 겨울이 없는 사람은 자신의 인생을 절망에서 일으킬 자양분 또한 생성되지 않습니다.

투르니에는 공자, 루소, 데카르트, 파스칼, 다빈치, 바흐, 사르트르, 스탕달, 보들레르, 까뮈, 볼테르, 바이런, 도스토예프스키 등과 같은 인물들은 태어나자마자, 한 살 혹은 세 살에 아버지나 어머니가 돌아가셨거나 고아였다는 논문을 인용하여서 인류를 이롭게 한 사람들은 모두 고통 속에 놓인 적이 있다는 사실을 설명했습니다. 이들이 외상 후 성장을 할 수 있었던 것은 자신을 소중하게 여기며 위기를 피해 도망가지 않고 용기 있게 직면하였기 때문입니다. 니체가 말했습니다. "고통이 나를 죽일 수 없다면 그것은 나를 강하게 할 것이다."

우리나라의 "대표단편집 100선"을 정리한 작가는 좋은 글을 남긴 작가들이 대부분 아버지나 어머니가 일찍 세상을 떠나거나 실종, 월북 등의 아픈 가족사를 가지고 있다는 사실을 알고 새삼스럽게 놀랐다고 합니다. 하나님이 우리로 하여금 고생하며 근심하게 하시는 것이 본심은 아닙니다(애 3:33). 젊어서 멍에를 매는 것이 좋기 때문에(애 3:27) 고통에 저항하고 회피하여 퇴보하지 말고 여호와의 구원을 바라고 잠잠히 기다리는 것이 좋습니다(애 3:26). 구하는 자에게나 기다리는 자에게 하나님은 선하시기 때문입니다(애 2:25).

다윗은 고난의 사람입니다. 어려서는 목동으로 살았고, 젊어서는 사울에게 쫓기며, 전쟁터에서 인생의 90%를 보냈습니다. 말년에는 아들 압살롬의 반란으로 힘든 시간을 보냈습니다. 오랜 기간 죽음과 삶이 한 걸음 사이에 있었습니다. 그런 그가 이러한 고난을 이렇게 해석합니다.

"고난당한 것이 내게 유익이라. 이로 말미암아 내가 주의 율례들을 배우게 되었나이다."(시 119:71)

반면에 다윗의 아들 솔로몬은 고난이 없었습니다. 그는 다윗이 물려 준 왕좌에 앉았으며 전쟁에 나갈 일도 없었습니다. 부귀영화가 극에 달했습니다. 그가 건립한 성전 역시 다윗이 미리 준비한 재료가 동원되었습니다. 가장 뛰어난 지혜를 선물로 받은 그는 '지혜자의 미련함'이라는 역설에 빠집니다. 이것이 바로 고난이 생략된 인생의 비극입니다. 고난은 결코 저주가 아닙니다. 그것은 인간이 처한 근원적 고통을 깨닫게 하고 그리스도를 사모하게 합니다. 고통은 우리를 성소로 부르시는 초청장입니다. 그러므로 고통을 허용하시는 하나님의 큰 그림을 보고 눈앞에 있는 현실에 실족하지 않아야 합니다.

이스라엘의 고난은 역사적이고 구속사적인 의미가 있습니다. 이스라엘은 메시아를 잉태하고 해산하기 위해 구로하는 여인이었습니다. 유대인이었던 사도들의 순교가 거름이 되어 교회가 성장하였습니다. 고난을 위한 고난은 없습니다. 하나님은 우리를 괴롭게 하는 사람을 성화의 도구로 쓰시며 모든 상황을 훈련과 교육 목적으로 사용하십니다. 지금 당장 이해가 안 되는 고난도 훗날에는 분명히 의미로 다가옵니다.

유대인 정신의학자였던 빅터 프랭클은 오랜 시간 히틀러 치하의 수용소에 감금되었습니다. 누이를 제외하고 부모와 형제 그리고 아내까지 가족들은 모두 가스실에서 희생당했습니다. 남은 것이라고는 공포와 추위, 배고픔, 그리고 고통에 치를 떨고 있는 '몸뚱이' 하나뿐이었습니다. 그는 실존의 중심에 놓인 '몸뚱이'를 보면서 문득 더 이상 잃을 것이라고는 이 '몸뚱이' 하나 밖에 없다는 생각에 이르게 되었고 그 생각이 오히려 생의 의지가 되어 지옥 같은 현실에서 살아남아 이 참담한 광경을 세상에 알려야겠다고 다짐했습니다. 희망을 잃어버린 사람들은 하나 둘 약해지면서 죽어갔지만 그가 '몸뚱이'에서 발견한 생의 의지가 희망이 되어 절망과 공포에 굴복하지 않고 수용소의 경험을 쪽지에 적어서 보관하였고 "죽음의 수용소에서"라는 책으로 출간했습니다.

　　고통이 노크할 때 가장 먼저 인생의 목적을 물어야 합니다. 투르니에의 말처럼 외부의 고통을 회피하고 거부하면 퇴보하고, 고난을 수용하고 받아들여 내적인 동기가 승리하면 고통이 창조적 에너지로 전환되는 것은 분명한 사실입니다. 예수님은 아들이시라도 고난을 통해 온전하게 되셨습니다. 고난을 거부하거나 죄 값이나 저주라고 생각하면 그 풍부한 의미를 상실합니다. 고난은 하나님이 당신의 자녀를 빚으시는 고로와 같고 최선의 커리큘럼입니다. 고난이 없다는 것은 교육이 중단되었다는 의미와 같습니다. 그러므로 고난을 통해 일하시는 하나님의 방법을 수용함으로 거기서 눈부신 성장과 성숙, 그리고 풍성한 열매를 기대할 수 있습니다.

"여호와여 내 마음이 교만하지 아니하고 내 눈이 오만하지 아니하오며 내가 큰 일과 감당하지 못할 놀라운 일을 하려고 힘쓰지 아니하나이다. 실로 내가 내 영혼으로 고요하고 평온하게 하기를 젖 뗀 아이가 그의 어머니 품에 있음 같게 하였나니 내 영혼이 젖 뗀 아이와 같도다."(시 131:1, 2)

제6부

안식

1. 안식일의 주인
2. 멈춤의 미학
3. 마르바 던
4. 고도를 기다리며
5. 한계의 한계
6. 카르페 디엠

1. 안식일의 주인

안식일은 인간을 위한 날이다.

안식은 하나님만이 주실 수 있으며 하나님이 주시지 않으면 쉬어도 쉼이 없고, 먹어도 배부르지 않습니다. 하나님이 안식일을 명령으로 주신 이유는 하나님만이 주실 수 있고, 세상이 줄 수 없는 것으로 그의 백성들을 채우시기 위함입니다. 인간이 마음의 중심에서 하나님을 추방하고 독립을 선언하는 순간 인간의 중심은 그 무엇으로도 영원히 채워지지 않는 무저갱이 되었습니다. 하나님 외에는 채울 수 없는 이곳을 채우기 위해 인간은 싸우고 다투고 갈등하며 쉬지 못합니다. 이곳이 채워져서 안식을 얻는 유일한 방법은 그 자리에 다시 무한하신 하나님이 오셔야 합니다. 바울은 하나님만이 채울 수 있는 내면의 공간을 인지하고 이렇게 기록했습니다.

"… 우리의 만족은 오직 하나님으로부터 나느니라." (고후 3:5)

사람은 피곤하거나 스트레스를 받으면 코르티솔이 식욕억제 호르몬을 차단하고 무의식적으로 음식을 찾게 합니다. 특히 기름지고 단 것을 찾게 되는데 현대인의 감정적 폭식은 이러한 심리적 허기 때문입니다. 즉 감정적인 불안과 공허와 슬픔을 채우기 위해 무의식 상태에서 먹고 마시고 소비합니다. 낮은 자존감을 보상받기 위해 명품이나 값비싼 브랜드를 선호하고 슬픔이나 불안과 공허감을 느끼면 뇌는 이미 최면에 걸려서 무의식 상태에 들어가기 때문에 자신을 제어할 수 없게 됩니다. 이러한 공허감의 회로와 싸우다 하나님을 통해 안식을 얻은 어거스틴은 참회록에서 고백했습니다.

"주님, 우리를 만드심은 당신을 위함이오니 우리 마음이 당신 품에 깃들기 전에는 안온하지 않습니다"

아프리카와 아라비아 대륙판이 충돌하면서 해수면보다 무려 200여 미터가 낮은 협곡에 위치한 갈릴리는 지중해에서 바람이 불면 공기가 압축되면서 풍속이 빨라져 돌풍을 일으키고 지진이라도 난 것처럼 물이 끓는 현상이 벌어지면 노련한 뱃사람도 진퇴양란에 빠집니다. 갈릴리에서 고기를 잡던 어부들이 다수 포함된 제자들이 배를 타고 갈릴리를 건널 때도 이런 일이 일어났고 역시 속수무책이었습니다. "주여 구원하소서. 우리가 죽겠나이다."(마 8:25, 눅 8:24) 하고 소리치는 것이 전부였습니다. 이 때 예수님은 곤히 주무시고 계셨습니다. 피곤하셨지만 고요하고 평온한 얼굴로 폭풍의 한 복판에서 주무실 수 있는 예수님의 인격에 안식의 비밀이 있습니다. 자연을 창조하시고 자연의 질서를 부여하신 예수님은 바람과 바다를 꾸짖어 잔잔하게 하셨고 상황을 통제하셨습니다. 그의 권위에 바람과 바다가 순종하였습니다.

배 안에 예수님이 안 계신 상황도 마찬가지였습니다. 예수님은 멀리서 풍랑을 만난 제자들이 괴로이 노 젖는 것을 보셨습니다(막 6:48). 엄마가 아기를 바라볼 때 거울뉴런이 활성화되면서 아이의 표정에서 미묘한 변화를 감지합니다. 동시에 순서를 정하는 뇌의 부위가 활성화되어 아이의 문제를 해결하기 위해 행동합니다. 인성 가운데 계신 예수님의 거울뉴런 역시 활성화 되었고 직접 제자들을 향해 물 위를 걸어가셨습니다. 처음에는 유령인 줄 알았던 제자들도 예수님을 알아본 후에는 안정을 찾았습니다. 베드로는 자기도 물 위를 걷게 해 달라고 요청하였습니다. 베드로는 예수님이 계시는 위험한 물 위에서 안식의 비밀을 발견했습니다. 이스라엘은 하나님이 없는 풍요의 땅 애굽보다 하나님이 계시는 결핍의 땅 광야에서 안식을 누렸습니다. 즉 안식은 장소가 아니라 누구와 함께 있느냐의 문제입니다.

진정한 안식은 안식일의 주인과 함께 있을 때 옵니다. 예수님은 안식일의 시간에 목숨을 거는 유대인들을 위해 안식일임에도 불구하고 안식이 없는 한편 손 마른 사람을 치유하시고 인자는 안식일의 주인이라고 하셨습니다. 그리고 사람이 안식일을 위하여 있지 않고 안식일이 사람을 위하여 있다고 하셨습니다. 영원하신 그리스도는 시간 속에 오셔서 시간을 영원으로 바꾸시는 일을 하시고 그와 함께 있는 자들이 영원한 안식에 속하게 하셨습니다. 유대교 학자 아브라함 헤셸은 그의 책 "안식"에서 영원하신 분이 시간 속에 오실 때 그 시간은 영원한 안식으로 편입된다고 하였습니다.

"랍비 시므온은 알고 있었다. 시간을 공간과 맞바꾸는 자가 영원을 획득하는 것이 아니라, 자신의 시간을 영으로 채울 줄 아는 자가 영원을 획득한다는 것을. 그에게 중요한 것은 공간이 아니라 시간이었다. 그가 과제로 삼은 것은 공간을 건물과 다리와 도로로 채우는 것이 아니라 시간을 영원으로 바꾸는 것이었다."

2. 멈춤의 미학

지지(知止), 멈춤을 안다.

지구는 일 년마다 태양 주위를 공전하고, 달은 한 달마다 지구 주위를 공전하며, 지구는 매일 자전합니다. 이렇게 창조질서는 모두 주기를 가지고 있습니다. 일수일은 안식의 주기입니다. 하나님이 6일 동안 세상을 창조하시고 하루를 쉬셨습니다. 하루를 쉬는 것은 바쁘고 정신없이 돌아가는 일상을 멈추고 인간의 꾀와 노력 대신 하나님의 공급하시는 힘으로만 사는 것을 상징합니다. 안식일의 정신을 일상으로 가져가면 아무 시간이든지 하나님의 임재를 구하여 안식을 경험할 수 있습니다.

"하나님의 임재연습"에서 로렌스 형제는 수도원에서 산더미같이 많은 일을 감당하면서 그가 누린 임재와 평안함의 비밀을 공개했습니다. 그것은 잠시나마 정신적으로 '타임아웃'의 시간을 갖고 하나님께 주목한 후 찬양과 감사기도를 몇 마디 올리고 나서 다시 계속해서 자신의 직무를 돌보는 것입니다. 이러한 짧은 시간을 통해 그의 인격과 그 주변이 영향을 받았습니다. 수도원에서 허드렛일을 하는 평범한 그에게 교회와 국가의 지도자들이 조언을 구하러 왔습니다.

대나무가 곧게 자라는 것은 멈춤이 만드는 매듭의 미학입니다. 매듭을 만드는 동안 대나무는 성장을 멈추지만 더 높이 곧게 자라는 발판을 마련합니다. 멈춤은 나를 돌아보고 가고자하는 방향을 재설정하는 시간입니다.

유진 피터슨은 다윗에 관한 그의 저술에서 그리스도인은 아무 것도 하지 않는 것이 오히려 복음에 가까운 경우도 있다고 하였습니다. 그가 말한 아무것도 하지 않음은 자포자기, 나태함과 같이 하는 일 없이 빈둥거리는 것을 의미하지 않습니다. 피터슨의 표현에 따르면 "내가 가만히 있는 것이 하나님을 도와주는 것이다." "하나님이 다 이루셨으므로 나는 할 일이 없다." "내가 하는 일이 적을수록 하나님이 더 많이 일하신다."와 같은 생각은 지나친 비약입니다. 그것은 다음과 같은 거룩한 멈춤의 의미를 가집니다.

"하나님은 세계와 인간 실존의 중심이요 끝이므로 때로는 이 하나님을 위해 무언가 '하는 것' 보다 '하지 않는 것'이 훨씬 더 중요합니다. 이것은 체념도 자포자기도 나태함도 아닌 하나님이 주권적으로 일하실 것을 기대하며 결단하는 거룩한 멈춤입니다."

무더운 여름, 선풍기도 에어컨도 없을 때 더위를 이기는 최선의 방법은 그냥 가만히 있는 것입니다. 머리가 꽉 차고 답답하면 무의미한 게임을 하거나, 어슬렁거리며 산책을 하거나, 멍을 때리거나, 낮잠을 자는 것이 피로한 신경을 되돌리는 최선의 방법입니다. 우리가 멈추는 순간 과부하로 얽힌 신경들이 제자리를 찾으면서 다른 사람을 용서하고 받아들일 수 있는 마음의 공간이 생깁니다.

　우리나라의 대표적인 지성인은 자신이 가진 창의성의 비밀이 아침에 일어나 30여 분 동안 아무 생각도 없이 멍을 때리는 습관이라고 했습니다. 제대로 멍을 때리는 사람이 세상을 바꿀 수 있다는 말은 허풍이 아닙니다. 머리가 꽉 차서 과부하에 걸린 상태에서 계속 무엇인가를 집어넣는 것은 무의미합니다. 사람은 낮에 배우고 밤에 학습합니다. 잠을 자지 않고 계속 입력만 하면 뇌는 아무 것도 학습하지 못합니다. 사람은 비워야 채울 수 있고 멈추어야 방향을 알 수 있습니다.

　멈춤은 축구의 하프타임, 음악의 쉼표, 그림의 여백과 같습니다. 그것은 낭비가 아니라 단조로움에 더해지는 빼기의 미학입니다. 사회 심리학자인 바우마이스터는 인간은 사용할 수 있는 에너지에 한계가 있어서 그것이 고갈되면 곧 직무를 유기하거나 잘못을 저지르기 쉽다는 '자아고갈' 이론을 통해 인간이 악을 저지르는 이유는 멈추지 않기 때문이라고 했습니다. 하나님은 6일 동안 일하시고 하루를 쉬셨지만 악마는 6일 동안 일하고 단 하루도 쉬지 않는다고 어느 책에서 읽은 기억이 납니다.

　50년을 낚시광으로 살았던 한 심리학자는 "인간은 왜 낚시를 하는가?"에서 그가 바쁜 일상을 멈추고 낚시터에서 물고기가 아닌 소소한 인생에 대한 통찰을 건져 올린다고 썼습니다. 노벨상을 수상했던 일본의 소설가 하루키는 글을 쓰기 위한 몸을 최적화하기 위해 하루에 8킬로를 달린다고 합니다. 글을 쓰는 시간도 아까운데 달릴 시간이 어디에 있는지 궁금하겠지만 멈춤을 모르고 글을 쓰다 보면 실제로 식사도 거르고 몰두하기 때문에 건강을 잃고 더 이상 글을 쓸 수 없게 됩니다.

요한계시록 8장 1절에서 일곱째 인을 떼실 때에 하늘이 반 시간쯤 고요했습니다. 반시간이란 성전제사에서 분향단의 향이 피어오르는 동안 성도들이 기도하는 시간입니다. 한 성경학자는 (Charles) 하나님께서 고난 받는 성도들의 기도를 들으시기 위해 하늘에서 네 생물들과 이십 사 장로들이 하나님을 향해 밤 낮 쉬지 않고 드리는 감사와 찬양을 멈추게 하셨다고 하였습니다.

주일이 되면 우리는 생업을 멈추고 예배로 나옵니다. 그 날 자신을 돌아보는 사람은 멸망으로 가던 길을 멈춥니다. 어떤 실업인이 사업의 절정기에 회심하였는데 제일 힘든 일은 돈을 벌 시간에 교회에 앉아 있는 것이었다고 합니다. 이렇게 처음에는 그 날 잃어버린 돈이 어른거렸는데 전체적인 소득에서는 별 차이가 없었습니다. 오히려 주일에 쉬고 마음을 새롭게 하는 것이 반복되면서 사업을 더 지혜롭고 현명하게 조정할 수 있었습니다.

옛날 어느 임금이 사흘 동안 두 발로 걸어서 밟는 땅 모두를 상으로 내렸습니다. 신하는 조금이라도 더 땅을 갖고 싶어서 밤낮을 멈추지 않고 달린 나머지 왕의 앞에 도착하자마자 죽고 말았습니다. 죽어라 일 만 하면 정말 죽습니다. 가족도 해체가 되고 은퇴 후에 돌아갈 곳이 없어집니다. "철 연장이 무디어졌는데도 날을 갈지 아니하면 힘이 더 드느니라…"(전 10:10)하는 구절이 있습니다. 계속해서 일만 하면 창의성도 떨어지고 탈진하여 죽음에 가까워집니다.

우리는 멈춤을 통해 일하는 인간(human doing)에서 존재하는 인간(human being)으로 돌아갑니다. 탈진한 엘리야에게 하나님은 더 많은 일, 더 많은 기도를 요구하지 않으셨습니다. 모든 일을 멈추게 하시고 아예 하늘로 데려가셨습니다. 그를 안식으로 부르신 것입니다. 하나님은 가나안을 향해가던 모세를 느보산에서 멈추게 하십니다. 모세 또한 고단한 인생을 쉬게 하셨습니다. 모세 엘리야를 포함하여 모든 인간은 메시아가 아닙니다.

　　우리는 세상을 구하는 자가 아닙니다. 하늘로 올라가 메시아를 모셔오거나 무저갱에 내려가 모셔 올릴 수도 없습니다(롬 10:6, 7). 우리가 일을 멈추고 안심하고 주님께로 돌아갈 수 있는 것은 하나님의 일하심을 신뢰하기 때문입니다. 안식은 구원의 또 다른 이름입니다. 하나님이 당신의 힘으로 구원을 이루신 것처럼 우리에게 주시는 안식 또한 오직 하나님만이 주실 수 있습니다. 어떤 설교자가 지나치게 완벽한 설교를 준비하느라 밤을 지새우는데 마음에 이런 감동이 왔다고 합니다. "이제 그만 자거라. 내가 대신 깨어 있으마"

3. 마르바 던

안식은 성숙과 비례한다.

마르바 던은 어린 시절 홍역을 앓았고 성인이 되어서는 당뇨와 저혈압에 시달렸습니다. 한쪽 눈이 실명되었고, 신장이식과 유방암 수술도 받았습니다. 오진으로 한 쪽 다리는 절단하였고 다른 한 쪽 다리마저 제대로 쓸 수 없습니다. 신장이식 수술 이후에 하루 열 한차례 약을 복용해야 이런 현실에서 하늘의 안식을 경험하고 그 경험을 바탕으로 "안식"에 관한 책을 썼습니다. 마르바 던이 그 책에서 말하고자 했던 안식의 의미를 재해석 하여 다시 써 보았습니다.

첫째는 하나님이 되려는 마음을 버리는 것입니다. 아담이 사과 하나를 따 먹은 그 행간에는 수많은 의도가 숨어 있습니다. 그것은 하나님께 대한 독립의 선언이며 인간이 만물의 척도가 됨으로 하나님께 대항하고 하나님의 보좌를 찬탈하려는 최초의 쿠데타였습니다. 지금도 여전히 그 옛사람의 본성이 남아 있어서 나도 모르게 사람을 이용하고 하나님을 수단화하며 내 뜻대로 되지 않으면 화를 냅니다. 내가 마치 하나님인 것처럼 타인을 심판하고 정죄하고 판단합니다. 헨리 나우웬이 지적했던 것처럼 주변의 이목을 집중시켜 선망의 대상이 되고자 하고, 자기를 숭배하듯 자기에게 집중하고, 하나님께 맡기지 않고 혼자 삶을 떠안고 걱정하는 것 역시 모두 하나님 되려는 의지입니다. 이런 마음을 내려놓을 수 없다면 안식일이나 주일, 일을 하고 안하고, 쉬고 안 쉬고, 금기와 허용과 같은 이야기가 모두 무의미할 수밖에 없습니다.

둘째로, 안식은 영적이며 정서적인 쉼입니다. 사람이 쉬지 못하는 것은 정서적으로나 영적으로 미성숙한 상태에 있기 때문입니다. "마음이 어린 후이니 하는 일이 다 어리다."는 옛 시조가 있습니다. 미성숙한 철부지는 어린아이처럼(childlike) 순수한 것이 아니라 미성숙하고 유치합니다(childish). 쉬고 싶어도 쉬지 못하고 감정이 불안정하여 쉽게 화를 내고 짜증을 부리거나 불평을 하며 경쟁심과 소유욕, 인정받고자 하는 욕구가 강하며 무시당하고 거절당할 것이 두려워서 타인의 말에 예민하게 반응하고 시선이나 평가에 민감하고 충고나 비판을 받아들이지 못할 뿐 아니라 자존심이 세고 지는 것을 싫어합니다. 이런 증상을 느끼면 내면의 철부지를 만나서 무엇이 두렵고, 무엇이 걱정이 되며 불안한지를 물어야 합니다. 이 고통스런 과정을 인내하면 내적인 자아가 조금씩 성장하면서 성숙한 어른이 되어 갑니다. 하나님은 이 성숙한 내면에 안식을 부으십니다.

셋째로 안식은 세상을 향한 열린 마음입니다. 거울뉴런에 관한 의미 있는 연구결과를 내놓은 미국의 신경과학자 야코보니는 말했습니다.

"자신을 알려면 타인을 알아야 한다. 왜냐하면 나와 타인은

> 한 동전의 양면일 뿐이다 나 자신을 이해하기 위해서는 타인 안에서 자신을 인식해야 한다."

타인과 담을 쌓고 살거나 고립된 사람은 자신을 알 수 없고 자신을 모르면 하나님을 알 수도 없고 하나님을 모르면 안식도 없습니다. 고립은 인간의 영혼을 지옥으로 만듭니다. 빛 가운데로 나와서 고백과 깨어짐의 공동체를 경험해야 합니다. 그리스도인 공동체는 천국의 현재성을 대표합니다. 그리스도인은 하나님 나라 공동체 안에서 하나님 한 분으로 만족하며 공동체적 존재방식을 경험해야 합니다. 자기를 부인하고 자기 십자가를 지고 자기를 죽여서 사람을 만나고, 있는 모습 그대로 빛 가운데 자기를 노출하며, 동일하게 다른 사람을 받아주는 곳이 공동체입니다. 나보다 다른 사람을 생각하는 기쁨, 자신의 기쁨보다 다른 사람의 기쁨을 구하는 이타주의를 맛볼 수 있는 유일한 곳입니다.

마지막으로는 내려놓음입니다. 담으려면 비우고 버리고 내려놓아야 합니다. 내려놓음은 나에게 허락되지 않은 현실을 수용하고 나에게 허락된 분깃을 가지고 순리대로 살기로 선택하는 것입니다. 체념이나 포기도 허락되지 않은 현실을 수용하는 것이라면 부정적인 의미를 극복하고 "하나님이 허락하시면 우리가 이것을 하리라"는 헌신의 준비과정이 될 수 있습니다. 자발적인 내려놓음은 그리스도를 얻기 위해 모든 것을 버리는 것을 말합니다. 바울은 그리스도를 얻기 위해 모든 것을 해로 여길 뿐더러 배설물로 여겼습니다(빌 3:8). 그에게는 그 어떤 화려함보다 그리스도를 아는 지식이 가장 고상했습니다.

성경이 말하고자 하는 순종은 문자적인 매뉴얼을 따르는 것이 아닙니다. 그것은 성경적 삶의 체계를 이루는 고도의 통합과정입니다. 목회상담학자인 에머슨은 순종은 '자기 포기의 은사'(gift of surrender) 또는 '내어 맡기는 능력'(ability to let go)이라고 하였습니다. 우리가 순종의 의지에 반하는 것들을 포기하는 것은 곧 하나님께 맡기는 것과 같습니다. 그것은 허락되지 않는 것들에 대한 거룩한 체념입니다. 하나님이 그것을 하나님 자신의 것으로 받으시고 이루시기 때문에 그것이 훨씬 천국에 가깝습니다. 예수님은 수고하고 무거운 짐 진 자는 다 내게로 오라고 하셨습니다. 수고하고 무거운 짐은 바로 내가 나를 책임지고 내가 내 힘으로 하나님께 나아갈 자격을 얻으려는 헛된 노력을 의미합니다. 순종은 바로 이런 의지를 포기하고 수고하고 무거운 짐을 그리스도께 맡기고 양도함으로 그 안에서 안식을 얻는 것입니다.

내려놓지 못하는 것은 마치 지옥의 문고리를 잡고 있는 것과 같습니다. 시 에스 루이스는 내면세계와 연결하지 못하고 머리로만 따지려 드는 성직자, 자신의 보잘 것 없는 의를 드러내며 은혜의 품으로 들어가기를 거절하는 윤리주의자, 사랑과 집착을 구분하지 못하여 아들이 자기를 떠나서는 절대로 행복할 수 없다는 오해를 품고 하나님을 원망하는 어머니들이 바로 지옥의 문고리를 잡고 있는 사람들이라고 하였습니다. 어리석은 분노와 교만함, 그리고 자신의 상황과 인생을 뜻대로 통제하려는 마음을 내려놓으면 편안해지면서 지금 여기서 천국의 실존을 경험합니다.

5. 고도를 기다리며

안식은 기다림의 미학이다.

두 부랑자는 50년 동안이나 오지도 않는 고도를 계속 기다리고 있습니다. 베케트는 이들을 통해서 인간의 삶을 '기다림'으로 정의하고 기다림에 내재된 인간존재의 부조리를 묘사하였습니다.

기다림을 모르면 인간존재를 이해할 수 없습니다. 기다림이 없다면 우리의 존재는 성장할 수도 없습니다. 우리의 영혼은 느림과 기다림, 고요함 속에서 성장하고 깨끗한 그릇으로 빚어집니다. 모세는 이스라엘의 지도자가 되기 전에 40년을 미디안 광야에서 지친 노인이 될 때까지 기다려야 했습니다. 예수님은 3년의 공생애를 위해 30년을 준비하고 기다리셨습니다. 아브라함은 약속의 아들을 기다리지 못하고 하갈을 통해 이스마엘을 낳아 갈등을 불러왔으며 사울은 선지자 사무엘을 기다리지 못하고 서둘러 번제를 드렸습니다. 때를 기다리는 것은 시간의 주인에게 주권을 드리는 일입니다. "그리스도의 주재권"에 이런 글이 있습니다.

"우리는 배우자가 나타나기를 기다리고, 기도응답을 기다리고, 자녀가 철들기를 기다리고, 일자리를 기다리고, 건강의 회복을 기다리고, 갈등의 해소를 기다리고, 경제적인 호전을 기다린다. 기다리는 것은 우리를 향하신 하나님 계획의 일부다. 우리는 기다림을 통해 인내를 배운다. 다윗은 사울을 피해 아둘람굴에서 기다렸다. 하나님은 때가 찰 때까지 기다리셨다. 우리가 하나님의 주재권에 얼마나 굴복하고 사는지는 기다림이라는 도가니에서 시험된다. 기다림을 통해 하나님이 모든 일에 있어서 주님이시오. 그 타이밍의 주님이심을 고백하기 원하신다."

"기다림은 만남을 전제로 하지 않는다."는 시구가 있습니다. 우리가 오늘 예수님의 재림을 기다리지만 반드시 생전에 그 일이 이루어지리라는 법은 없습니다. 그러므로 기약 없는 기다림에 익숙해져야 합니다. 성경에는 메시아를 기다리다 죽고, 그리스도의 재림을 기다리다 죽은 사람이 허다합니다. 그러나 그 기다림의 임계량이 채워지면 만남으로 이어집니다.

"이 묵시는 정한 때가 있나니 그 종말이 속히 이르겠고 결코 거짓되지 아니하리라 비록 더딜지라도 기다리라 지체되지 않고 반드시 응하리라"(합 2:3) 하는 이 말씀에는 기다림의 임계량으로 꽉 찬 하나님의 시간이 들어 있습니다. 아담에서 야곱까지의 역사가 2255년입니다. 요셉의 죽음으로 끝나는 창세기와 요셉을 알지 못하는 왕이 일어나는 출애굽기는 '그리고'로 연결되는데 이 히브리 낱글자 하나에 300년이 들어 있습니다. 출애굽기부터 말라기가 1200년이고 말라기 이후 400년 만에 예수 그리스도께서 오십니다. "때가 차매 하나님이 그 아들을 보내사 여자에게서 나게 하시고"(갈 4:4)라는 말씀에는 바로 이러한 구약 4천년의 역사가 들어있습니다.

　이 거대한 하나님의 시간표를 보면 우리를 괴롭히는 세상이 작아 보입니다. 이 세상은 하나님의 시간의 전진을 막을 수 없으며 하나님의 뜻은 때가 되면 반드시 성취됩니다. 하나님은 시간을 하루가 천 년같이 천 년이 하루같이 사용하십니다. 지루해 하시거나 서두르시는 법이 없습니다.

　성경에서 가장 오래 산 므두셀라의 이름의 뜻은 '창던지는 사람'입니다. 고대에 창던지는 용사가 죽는 것은 곧 전쟁의 패배뿐 아니라 부족의 멸망과 노예화를 의미했기 때문에 그의 이름은 "그가 죽으면 마지막이 온다"는 뜻이었습니다. 그는 노아 600세 되던 해에 죽었고 그 때 홍수가 시작되었습니다. 하나님은 그 시간을 기다리시면서 노아를 통해 방주를 준비하시고 짐승을 종별로 불러 모으셨습니다. 한 시간에 겨우 36센티를 움직이는 달팽이까지 기다리시고 느리기로 소문난 늘보도 기다리셨습니다. 하나님은 지금도 구원의 방주인 교회의 문을 활짝 여시고 죄인을 기다리십니다.

　기다림에 실패하면 신앙에도 실패합니다. 많은 기독 청년들이 믿음의 배필을 기다리다 지쳐서 아무하고 결혼하는 일이 종종 있습니다. 기다림이 길어지면서 초조해지면 자존감에 상처를 받고 주변 사람들에게 예민한 반응을 합니다. 이 때 우리가 마음을 너무 높은 데 두고 있지 않았는지, 또는 비현실적인 기대를 갖고 있지는 않았는지 점검하고 구하고 찾고 두드려야 합니다. 비록 그것이 기다림으로 끝난다고 해도 그것을 현실로 받아들이는 복종의 태도를 유지해야 합니다.

　이삭은 하나님이 리브가를 주시기까지 만혼의 고통을 묵상하며 기다렸습니다. 아브라함은 그 이삭을 100세까지 기다렸습니다. 아브라함은 비록 현실에서 땅과 자손의 언약이 이루어지기를 기다리며 막벨라 굴을 매입하고 믿음의 포석을 놓았습니다. 그의 자손들은 애굽에서 노예로 340년을 기다렸고 때가 차매 하나님이 그리스도를 통해 마침내 땅과 자손의 언약을 이루셨습니다.

5. 한계의 한계

하나님은 한계에도 한계를 두셨다(멕컬로우).

아버지와 아들이 있었습니다. 아들은 재벌 아들이 꿈인데 아버지가 재벌이 아니어서 불만이고 아버지는 재벌 아버지가 꿈인데 아들은 재벌이 되려는 노력을 안 해서 걱정입니다. 아버지와 아들은 서로를 재벌로 만들기 위해 아이스크림을 한 통씩 들고 장사를 시작했습니다. 아버지와 아들은 서로의 아이스크림을 사 먹기 시작했고 둘 사이에 돈이 왔다 갔다 하는 사이 통은 텅 비었습니다.

그야말로 인생은 유한하고 삶은 모호하며 실존은 자기 이해적입니다. 인생의 대부분은 쓸데없고, 소득이 없고, 의미 없는 경쟁에 소진됩니다. 허무하고 공허하며 허탄하고 허망합니다. 더 나은 삶이 있을 것이라고 믿고 살아보지만 이마저 죽음이 모두 삼켜버립니다.

독일의 실존주의 철학자 야스퍼스는 인간이 직면한 생로병사, 고독과 방황, 인간의 인간에 대한 투쟁, 죄악상을 '한계상황'으로 규정했습니다. 한계상황에 저항하면서 하나님을 부정하고 실존적 결단을 촉구하는 사람들과 달리 야스퍼스는 인간이 한계상황 앞에서 느끼는 절망과 좌절이 초월자를 향하여 마음을 여는 계기가 되었습니다.

　　야스퍼스는 또한 한계상황을 타인을 이해하는 척도로 삼았습니다. 나치로부터 유대인 아내와 헤어지라는 요구를 거절한 대가로 교수직을 박탈당했습니다. 반면에 그의 친구 하이데거는 나치에 동조하여 대학 총장이 되었습니다. 그러나 그런 하이데거에게 변절자라고 쉽게 말하기 어려운 한계상황이 있음을 보았고 그를 비난하는 대신 실존의 과제로 남겨 두었습니다. 하이데거의 학문적 동지며 내연녀였던 한나 아렌트는 하이데거에게 심한 배신감을 느꼈지만 야스퍼스의 조언을 듣고 하이데거가 처한 한계상황을 이해하고 용서하고 심지어 그를 변호하고 재기를 도왔습니다.

　　인간의 모든 욕망이나 야망, 재산, 지위, 명예 그리고 지상에서만 의미가 있는 유한한 가치들은 모두 한계를 가지고 있습니다. 인간의 선도 악도 마찬가지입니다. 우리나라의 드라마나 영화에 등장하는 주인공들은 완전체인 것처럼 묘사가 되지만 성경은 거기에 등장하는 인간의 한계상황을 적나라하게 해부하는 인간문서입니다. 우리는 이러한 인간의 한계상황을 알기 때문에 타인을 용서하고 너그럽게 이해하며 공감할 수 있게 됩니다.

　　고대 그리스의 스토아철학자들은 한계상황을 인간성숙의 기회로 삼았습니다. 우리가 통제할 수 없는 한계상황에 대하여 쓸데없는 걱정을 버리고 주어진 현실에 최선을 다하라는 것입니다. 내가 할 수 있는 것과 할 수 없는 것을 잘 구분하여서 예기치 못한 일도 자연스럽게 수용하라는 의미입니다. 뒤로 물러나 내면으로 철수하거나(침륜에 빠지거나) 체념한 나머지 허무주의와 숙명론자가 되지 말며 나를 괴롭히는 사람일지라도 더하거나 빼지 말고 그가 가진 한계상황을 사실 그대로 바라보라는 것입니다.

중국의 역사가인 사마천은 "환경이 인간을 지배한다."고 하였습니다. 인간은 상황적 취약성 때문에 원치 않은 일을 하고 심지어 부당한 명령에 따라야 할 때가 많습니다. 우리나라는 유교적 사고의 영향으로 좋은 사람이 그 자리에 앉으면 제도가 나빠도 괜찮다는 신화가 있습니다. 그래서 문제가 발생하면 사람을 바꾸는 것으로 마무리를 합니다. 그러나 인간의 전적 타락을 믿는 캘빈주의 전통의 국가들은 제도와 시스템을 보완하는 등 구조적인 접근을 합니다.

아무리 선한 사람도 그의 죄성을 제어하는 제도적 장치가 없으면 딴 짓을 하게 되어 있습니다. 한국교회도 한계상황 안에서의 인간론을 인식하고 제도적 장치를 통해 그 죄성을 제어하고 죄가 끼어들지 못하도록 시스템을 만들어서 후손에게 물려주어야 합니다. 성경적 인간론에 따라서 시대에 맞게 제도를 정비하여 새롭게 등장하는 어둠의 구조를 원천부터 차단해야 합니다. 처벌보다 예방이 최선입니다.

폐결핵을 앓았던 까뮈는 옆집 아주머니에게 일주일 후에 돌아오겠다며 인사를 하고 집을 떠난 다음 날 돌아와 요절하였습니다. 당시 그는 "최초의 인간"이라는 제목의 책을 쓰고 있었는데 어머니에게 바치는 헌사에 이렇게 기록했습니다. "이 책을 결코 읽을 수 없을 당신께" 그의 어머니는 노벨 문학상을 받은 아들의 글을 한 줄도 읽을 수 없는 문맹이라는 한계 상황이 있었습니다.

이어령은 "지성에서 영성으로"에서 어머니의 이야기를 합니다. 그의 어머니는 그가 열한 살 때 수술을 받으러 병원에 가셨습니다. 어머니의 병문안을 온 사람이 당시로서는 구하기 힘든 귤을 사왔는데 머리맡에 두고 아들에게 주시기 위해 목이 타시는데도 손을 대지 않았습니다. 그러나 그 노란 귤과 함께 어머니는 하얀 상자 속의 유골로 아들의 품에 돌아왔습니다. 귤을 아껴 아들의 입에 넣어주고 싶어 하셨던 어머니에게는 질병이라는 한계상황이 있었습니다.

"비는 내리고 어머니는 시집간다" 하는 모택동의 어록이 있습니다. 사랑하는 사람의 죽음은 물론이고 하늘에서 내리는 비를 사람이 막을 수 없고, 시집가는 어머니를 어린 아들이 붙잡을 수 없으며 세상에는 사람의 힘으로 어쩔 수 없는 것이 대부분입니다. 한국교회 역사에서 존경을 받던 목사님이 미국으로 유학을 다녀왔음에도 불구하고 97세가 되었을 때 성경은 물론이고 영어를 다 잊어버렸다고 합니다. 어린 시절 어머니와 나눈 이야기만 생각나고 그 시절의 꿈만 꾸었습니다. 노화로 인한 치매라는 한계상황을 경건한 목회자도 피해가지 못했습니다.

슈베르트는 2악장까시만 쓴 "미완성 교향곡"을 남겼습니다. 그 이름도 후대가 붙였습니다. 모든 인생이 이렇게 미완성인데 한계상황에 있는 인간이 감히 예수님처럼 "다 이루었다"고 할 수 있겠습니까?

램브란트는 20대부터 많은 자화상을 남겼습니다. 화려한 옷을 입고 베레모를 쓴 채 활짝 웃는 얼굴은 점점 삶에 지쳐 초췌해진 모습입니다. 아내와 자식을 잃고 낭비벽 때문에 화구까지 팔아 비참한 삶을 살던 그가 세상을 떠나기 직전에는 그의 마지막 자화상으로 "탕자의 귀향"을 그렸습니다. 헨리 나우웬이 러시아로 달려가 이 그림의 원본을 네 시간이나 뚫어지게 응시하고 5년 가까이 묵상한 다음 이런 글을 썼습니다.

"아버지의 눈은 기다림이 지나쳐서, 짓무르고, 초점이 없으며, 시력이 약해질 대로 약해져 있습니다. 왼쪽 신발은 벗겨지고 상처로 가득하며 오른쪽은 헤어져 있습니다. 죄수처럼 삭발을 하고 태아처럼 웅크려 있습니다."

우리는 분명히 한계 속에서 살아갑니다. 현실은 끊임없이 사악한 인간의 본성과 연약함, 모자람, 비굴함, 창피함, 이중성, 소외, 갈등, 불확실성의 모습으로 인간의 한계를 드러냅니다. 그리스도는 이러한 한계를 초월로 해결하지 않으시고 이 한계 속으로 성육신하셨습니다. 초월하신 분이 육체를 가지는 순간 한계에 매이셨습니다. 걷고 피곤하고 배고프고 목마르시며 슬픔 가운데 통곡과 눈물을 흘리셨습니다. 그가 한계에 오신 이유는 한계를 구원하시기 위함이며 한계에도 한계를 명하시기 위함입니다. 그가 한계에 매이심으로 우리의 한계상황이 더 이상 억울함과 원망과 낙심, 절망, 한숨으로 다가오지 않고 우는 자들과 함께 울고, 웃는 자들과 함께 웃게 하시는 하나님의 임재와 성육신의 자리가 되게 하셨습니다.

도널드 맥컬로우는 "모자람의 위안"에서 말하기를 그리스도 때문에 우리의 한계에도 명확한 한계가 생겼다고 하였습니다. 젊음, 지혜, 물질과 같은 모든 것은 죽음과 노화로 한계상황에 이르지만 그리스도는 그 죽음과 썩음, 노화를 안식으로 바꾸십니다. 그 때까지만 한계가 존재하고 그리스도의 왕국이 완성되면 그 한계 역시 한계를 맞이합니다. 터널에 끝이 있는 것처럼 그리스도 안에서는 슬픔, 고통, 아픔, 괴로움, 좌절도 모두 한계를 드러냅니다. 이 한계너머를 인식하면 인간의 한계가 결코 우울한 것이 아니라 소망의 기초인 동시에 가장 심원한 기쁨의 근원이며, 따라서 우리가 기쁜 마음으로 축하해야 할 그 무엇이 됩니다.

6. 카르페 디엠

오늘을 살라(호라티우스).

헬라시대의 에피쿠로스학파는 금욕주의를 내세운 스토아학파나 육체적 쾌락을 추구하던 키레네학파와 다르게 '아타락시아' 즉 소극적 쾌락을 추구했습니다. 이들은 고통을 부르는 일체의 명예욕을 없애고 절제하며 검소하고, 평범하고, 조용하게 살면서 가까운 사람들과 잘 지내고 소박한 식사를 하며 누추하게 살다보면 '아타락시아'의 평온함에 이른다고 믿었습니다. 로마의 시인이었던 호라티우스는 이러한 에피쿠로스 정신을 실천하는 방법으로 "오늘을 살라"(카르페 디엠)를 내세웠습니다.

오늘을 사는 것은 벤 샤하르가 행복을 잃어버린 세 가지 유형으로 지목한 미래만을 위해 사는 성취주의자도, 현재만을 즐기는 쾌락주의자도, 과거의 좌절에 발목이 잡힌 허무주의자도 아닌 오늘에 만족하고 감사하면서 눈앞에 주어진 작은 일에 최선을 다하는 것을 말합니다.

며칠을 살건 몇 년을 살건 우리 앞에는 한 시간이 있습니다. 즉 우리는 오늘을 살아가는 존재입니다. 노자는 우울한 사람은 과거를 살고, 불안한 사람은 미래를 살며, 평안한 사람은 현재를 산다고 하였습니다. 존 맥스웰은 "오늘을 사는 원칙"에서 실패하는 사람은 과거는 무조건 좋았다고 하고 미래는 막연하게 좋을 것이라고 하면서 오늘을 살지 못한다고 하였습니다. 오늘을 사는 사람에게 어제는 역사이고 오늘은 선물이며 내일은 배를 띄우고 갱도를 파고 들어갈 신비로 다가옵니다.

하나님은 항상 오늘 지금이라는 현재, 여기에 계십니다. 그가 당신의 임재로 채우시는 시간은 영원한 공허를 일으키는 무저갱이 존재할 수 없습니다. 오늘 나의 삶의 모습이 어떠하든지, 뻘건 흙탕물이든지, 시커먼 구정물이든지, 아니면 죄를 짓고 넘어지고 실족한 자리든지, 하나님은 거기에 은혜를 담으십니다.

엘리야가 쉬었던 로뎀의 뜻은 '시궁창'입니다. 엘리야는 분명히 시궁창 같은 현실에 놓였는데 하나님은 거기서 그를 쉬게 하셨습니다. 그는 열심이 특심하여 푹 쉬고 잘 먹고 잘 자는 것까지도 죄로 여기는 일 중독자였을 수 있습니다. 그러나 하나님은 그를 재우고 먹이고 쉬게 하시면서 세미한 음성 가운데 하나님의 뜻을 발견했습니다. 세미한 음성의 핵심은 "내 일은 내가 한다"였습니다. 유다를 괴롭히는 이스라엘도 이방세력인 아람도 남겨 두시고 한창 일해야 할 엘리야를 하늘로 데려 가십니다. 엘리야가 이렇게 영원에 편입되어 무시간의 영역에 들어갔을 때 비로소 자신이 그렇게 크고 위협적으로 여겼던 것들이 별 것 아니라는 것을 알았을 것입니다.

어거스틴에 의하면 하나님이 세상을 창조하실 때 시간도 창조하셨습니다. 창조 이전에는 시간이 존재하지 않았고 종말 이후에도 시간은 존재하지 않을 것입니다. 이렇게 시간이 없는 상태가 영원입니다. 어거스틴은 철학적 관점에서 현재, 과거, 미래라는 시간의 구분을 거부하고 과거의 현재, 현재의 현재, 미래의 현재로 임시구분을 했습니다. 과거의 현재는 기억이며, 현재의 현재는 직관이며, 미래의 현재는 기다림입니다. 과거, 현재, 미래가 따로 있는 것이 아니라 현재의 시간 속에 과거, 현재, 미래가 들어 있는 것입니다. 그리고 하나님으로 채워진 현재에서 영원을 보았습니다. 그리스도의 임재를 통해 이 시간 속을 뚫고 들어오는 영원에 대한 경험, 그것이 바로 영원한 현재입니다(켈리).

　제임스 스톡데일은 베트남 전쟁 당시 하노이 포로수용소에 갇혔습니다. 장성이었던 그를 비롯하여 동료들은 잔인한 고문과 감금에 시달렸습니다. 그들 중에서 '전쟁이 끝날 것이다.' '포로교환이 있을 것이다.'와 같은 막연한 기대와 소문들에 희망을 걸었던 사람들은 실망이 거듭되면서 몸과 마음이 약해지고 죽어갔습니다. 그러나 스톡데일과 몇몇 동료들은 주어진 하루하루 작고 사소하지만 주어진 삶에 충실하기로 하고 견디면서 오늘을 살았고 어느 날 생각지도 못한 포로석방의 기회를 맞았습니다.

　아시아인 최초로 미국 아이비리그의 대학총장이 되고 후에 세계은행 총재가 된 한국계 미국인 의사가 있습니다. 그는 자신이 단 한 번도 무엇이 되려고 한 적이 없었다고 합니다. 단지 지금 이 순간 나는 누구며, 무엇을 할 것인가 만을 생각했습니다. 그렇게 주어진 하루하루에 충실하다 보니 어느 날 그 자리에 자신이 있더랍니다.

　교회를 개척하고 오랫동안 숫자의 허상에 속아서 주일마다 낙심하였습니다. 주일이 지나면 누군가 교회를 떠나고 곶감 빠지듯이 빠져나갈 것 같은 불안감에 잠을 이루지 못했습니다. 이대로 가다가는 몸도 마음도 망가질 것 같아서 마음을 고쳐먹었습니다. 오늘만 생각하기로 하고 그 한 주간에만 충실하였습니다. 결과는 하나님의 몫인데 오늘을 빼앗길 이유가 없었습니다. 헛된 바램들을 내려놓은 다음부터 마음이 편해졌습니다. 허락하신 만큼만 설교하고 하나님께 맡겼습니다. 역설적으로 목회는 이별연습이고 보내는 연습이라는 것을 알았습니다. 모으는 데만 집착하지 말고 사람이 떠날 때 축복하며 보낼 수 있어야 역설적으로 교회가 세워집니다.

사람에 대한 소유욕을 가지면 나도 모르게 그리스도를 앞서게 됩니다. 설교도 무리하지 않고 잘 소화하는 것이 중요합니다. 잘하려고 소리를 지르는 이유는 나를 전하려고 애쓰기 때문입니다. 이렇게 수고하고 무거운 짐을 내려놓고 나니 마음이 편해지고 교회도 편해졌습니다. 이렇게 한 주를 버틴다고 생각했는데 20년 가까이 되었습니다. 정신의학자인 스코트 팩이 말했습니다.

"진짜 선한 사람은 스트레스를 받을 때도 자신과 성숙과 민감성을 저버리지 않는다. 품위란 삶의 하강기가 찾아와도 퇴행하지 않을 수 있는 능력, 고통에 직면하면서도 무너지지 않을 수 있는 능력, 극심한 고뇌를 겪으면서도 제자리에 남아 있을 수 있는 능력이다"

제7부

부르심

1. 디스토피아
2. 호모 노마드
3. 부르심
4. 부르심의 소망
5. 선택과 집중
6. 꿈과 비전
7. 야망과 비전

1. 디스토피아

내가 사는 곳은 예수를 죽인 세상이다(계 11:8).

유토피아를 꿈꾸는 인간 문명의 현실은 디스토피아입니다. 바벨론은 가인의 문명이 상징하는 정신을 계승하였으며 소돔, 에굽에 이어 주님께서 못 박히신 이 세상 문명의 대명사입니다(계 11:18). 요한계시록에서는 이미 멸망해서 자취를 감춘 바벨론의 멸망을 미래형으로 말하는 그 이유는 바벨론이 자신을 만물의 척도로 삼아 하나님의 통치를 거부하는 사탄의 통치에 들어간 이 세상을 대변하기 때문입니다.

오리겐은 바벨론 왕을 사탄으로 유비했습니다(사 14:12-14). 개역성경은 바벨론의 창시자 니므롯을 여호와 앞에서 영웅호걸, 또는 특이한 사냥꾼으로 기록합니다(창 10:8, 9). 영웅호걸이란 그가 피의 정복자였다는 뜻이고 특이하다고 하는 것은 그가 동물이 아닌 인간을 도살하는 사냥꾼이라는 의미며 '여호와 앞에서' 란 하나님께 대들었다는 말입니다. 유대전승에 따르면 그는 우상숭배를 거부하는 아브라함을 용광로에 던지려고 했던 인물이며 조카 롯을 사로잡은 이유도 역시 하나님만을 섬기고 그렇게 사람들을 교훈하는 아브라함을 눈엣가시로 여겼기 때문이라고 합니다. 함의 자손이었던 니므롯은 위장전술로 셈족이었던 고대 앗수르를 점령하고 바벨론 제국을 건설합니다. 니므롯은 자기를 월신의 자리에 높이고 지구라트를 만들고 바벨탑을 쌓아서 그 위에 점성술을 위한 제단을 세워 천궁 12좌에 숨겨 놓으신(마 2:2, 10; 눅 23:44) 구속사에 물타기를 했습니다.

니므롯이 죽고 그의 아내 세미라미스가 사생아(또는 유복자)를 낳았는데 그 이름이 담무스입니다. 세미라미스는 이 아들을 남편 니므롯의 환생이라고 주장하며 아들과 결혼을 하고 아들이자 남편인 담무스를 태양신(바알)으로 신격화합니다. 이때 세미라미스는 부활절과 크리스마스의 모조품을 만들었습니다. 세미라미스는 스스로를 하늘의 여왕이라고 신격화하고 남신 바알에 필적하는 여신 아세라의 기원이 됩니다. 세미라미스는 에베소에서는 아데미 여신으로 추앙을 받았습니다.

고대의 7대 불가사의에 속하는 아데미 여신상은 돔형 축구장 크기로 10킬로 밖 바다에서도 보일 정도였습니다. 아데미는 머리에 바벨론을 이고, 24개의 가슴을 달고, 후광에는 특이한 사냥꾼 니므롯을 상징하는 사자, 호랑이, 사슴 등의 다양한 짐승들의 부조가 새겨져 있습니다. 풍요와 다산이 통합된 이미지입니다. 신전에는 인도 페르시아 스페인에서 온 순례자들이 재물을 바쳐서 돈과 보물이 차고 넘쳤습니다. 각종 제물을 바친 유물 중에서 어린 아이의 유골을 포함한 사람의 뼈도 있습니다.

주전 356년 경 천둥번개로 전소된 신전은 100년이 채 되지 않아 이전과 동일한 대리석으로 복원되었고 로마가 쇠퇴하기까지 600여 년 동안 그 자리를 지켰습니다. 처음에 아나톨리아에서 아데미 여신은 '킬벨레'라 불렀습니다. 아랍인은 '라트'로, 이집트인은 '이시스'로, 그리스인은 '아르테미스'(또는 아프로디테), 로마인은 '디아나'(또는 비너스)로 불렀으며, 이오니아인들이 '아데미'라 불렀습니다(행 19:28). 바벨론에서는 처음에 '밀릿타'로 불렀고, 앗수르 사람들은 '이쉬타르', 페니키아 사람들은 '아스다롯'(또는 아세라)이라고 불렀습니다. 이러한 계보는 로마교회의 심장을 관통하였으며 니므롯과 세미라미스, 바알과 아세라는 오늘까지도 인간의 두 가지 우상, '돈'과 '쾌락'을 대표합니다.

우상의 배꼽인 바벨론은 셋의 후손이 세워나가는 영적인 문명과 반대로 가인의 문명을 계승하여 유토피아를 꿈꾸었습니다. 그들이 건설한 문명의 화려함은(계 18:16) 지옥의 홍보 비디오처럼 인류의 집단 무의식에 총천연색으로 반복재생 되고 있습니다. 바벨론의 뒤를 이은 페르시아, 그리스, 로마 그리고 미국의 건립에도 유토피아에 대한 비전이 깔려 있습니다.

미국을 비롯한 선진국은 기축통화를 기반으로 금융과 자본을 장악하고 생산과 유통망을 지배하였으며 그 잉여를 축적하여 우주를 탐사하고, 질병을 정복하고, 수명을 연장하고, 예술과 건축으로 불야성을 이루고 있습니다. 인간정신의 최고봉인 인문학적 성과를 도서관에 축적하고 음악을 연주하고, 완성도 있는 미디어와 영화를 만들고 대서사시를 썼습니다. 식량이 넘치고, 높은 연봉과 고급승용차, 저택, 최고의 교육시설을 갖추고 레저를 즐기고 있습니다. 잘 짜인 정치 구조와 사회적인 안전망은 자유를 보장하고 장미 빛 미래를 약속합니다.

천문학자 칼 세이건은 현대 문명의 화려함이 지속될 것을 낙관하면서 유토피아를 찬양했습니다. "걱정하지 마라. 인간은 충분히 위대하다." 한국이 자랑하는 전위예술가 백남준은 1984년 1월 1일 뉴욕, 서울, 런던을 위성으로 연결한 뒤 실시간으로 송출하는 쌍방향 텔레비전 쇼를 통해 선포했습니다.

"안녕? 오웰. 너의 예언은 틀렸다. 발달된 과학기술은 전 세계를 하나로 묶을 수 있는 새로운 밝은 세상을 만들 수 있게 하였다. 안심해라. 새로운 세상을 창조할 수 있는 과학기술을 만끽해라"

그러나 유토피아의 이면은 어둡고 절망적인 디스토피아가 현실입니다. 바벨론은 낮에는 화려한 상품을 거래하고 밤은 강도 강간, 살인, 거짓, 사기, 모함, 매수, 협잡, 음모, 야합을 일삼으면서 살인(또는 대량살상)과 근친상간, 동성애를 하고 영혼을 거래하고(계 18:13) 귀신의 처소와 각종 더러운 영이 모이는 곳과 가증한 새들이 모이는 곳입니다(계 18:2).

정복자 알렉산더는 동서양을 잇는 헬라제국의 유토피아를 꿈꾸었습니다. 20살에 왕이 되어 32세에 그것을 이룬 영웅이었습니다. 그리스 문명은 정신세계를 지배했고 보편적인 잣대가 되었습니다. 그러나 그는 자신이 정복한 인도에서 열병을 얻어 바벨론으로 돌아왔고 12일을 앓다가 갑자기 세상을 떠납니다. 그의 사후 동방의 지배권을 분할 받은 셀레우코스 왕조의 안티오코스는 알렉산더의 헬라화 정책에 부응하기 위해 이스라엘 성전에 돼지피를 뿌리고 제우스 신상을 세웠습니다. 할례를 행하는 아버지를 죽이고 어머니의 목에는 죽인 아이의 시체를 걸고 가두행진을 시켰습니다. 바위마다 헬라의 우상을 새기고 율법을 읽거나 가르치는 자들은 끓는 기름 가마에 던졌습니다.

몽골에 의한 유토피아를 꿈꾸었던 칭기즈칸 테무친의 후예는 고려를 100년 동안 지배했고 여성들을 공출하고 빼앗고 죽이고 강탈했습니다. 이렇게 끌려가서 다시 돌아온 여인들은 낙인이 찍혀 고향에서도 천대를 받았습니다.

대동아공영의 유토피아를 꿈 꾼 일본은 생체실험과 대학살을 행하고 처녀를 성노예로 만들었습니다. 군함도에 징용을 당한 조선인들은 한 평이 조금 넘는 좁은 공간에서 7, 8명이 하루 12시간씩 강제노동을 하였으며 석탄을 채굴하기 위해 해저 1,000미터를 내려갔습니다. 그들의 대부분은 탈진하여 죽고, 견디다 못해 자살을 하거나, 탈출하다 물에 빠져 죽었습니다.

아메리카 대륙에 정착한 백인들은 5천만 명이 넘는 원주민들의 터전을 빼앗고 남은 소수의 원주민들은 보호구역에 제한했습니다. 대항해의 시대, 포르투갈의 디아스가 폭풍 중에 구사일생으로 살아난 장소를 '폭풍의 곶'(cape)이라고 부르기 원했습니다. 그러나 국왕은 아프리카 정복의 교두보를 확보하려는 야망으로 이곳을 희망봉이라고 불렀으며 서구열강이 아프리카를 수탈하는 전초기지가 되었습니다.

짐승처럼 잡혀 온 사람들이 로벤섬에 임시로 수용되었고 20세기까지 이곳은 흑인 인권운동가들의 감옥이었습니다. 이렇게 희생된 흑인의 수가 1400만 명에 이릅니다. 노예를 싣고 가던 한 선장은 보험금을 노리고 132명을 카리브에 수장하였고 영국법원은 그를 사기죄로 기소하였을 뿐 살인죄에 대하여는 무혐의 처분을 하였습니다. 미국의 한 청교도 신학자는 흑인에게는 영혼이 없다는 주장을 하였습니다.

이렇게 다른 사람의 희생 위에 건설된 현대 문명은 안전합니까? 고도로 발달한 현대의 상업주의는 마치 멈추면 터지는 영화 속 버스와도 같습니다. 버스가 질주하는 동안, 양극화, 전쟁, 기근, 굶주림, 원자력 사고, 범죄, 살인, 낙태, 자살, 테러, 핵전쟁의 위험, 환경파괴, 지구온난화 등은 언제 터질지 모르는 폭탄입니다. 현대인은 로버트 라이시가 말한 '부유한 노예들'입니다. 돈은 많은데 바쁘고 자기의 영혼과 가족을 돌아볼 시간이 부족하여 가정은 소리 없이 붕괴되고 있습니다.

한국은 급격한 산업화로 인한 타자에 의한 착취와 자기착취를 견디지 못하고 우울사회, 피로사회, 자살공화국이 되었습니다. 아이작 뉴턴은 인류는 자연재해가 아닌 인재로 종말을 맞을 것이라고 했습니다. "인류의 3차 세계대전의 무기가 무엇인지는 알 수 없지만 4차 세계대전의 무기는 다시 돌과 몽둥이가 될 것이다." 돌과 몽둥이로 전쟁을 할 정도로 문명이 철저하게 파괴될 것이라는 경고입니다.

이 세상은 뿌리부터 진동하고 있습니다. 심판의 나팔소리에 이 세상은 순식간에 여리고처럼 무너져 내릴 모래성과 같습니다. 때가 차면 하나님은 사탄의 통치권에 들어간 이 세상을 멸하시기 위해 손을 대지 않은 돌을 띄워(단 2:34, 35) 인을 떼시고 나팔을 부시며 대접을 쏟으실 것입니다. 그 때가 오기 전에 우리가 해야 할 일은 빨리 바벨론적인 삶의 방식에서 빠져 나오는 것입니다.

"… 내 백성아, 거기서 나와 그의 죄에 참여하지 말고 그가 받을 재앙들을 받지 말라."(계 18:4)

지금 당장 바벨론을 심판하지 않으시는 이유는 애굽에서 이스라엘을 빚으시고 연단하시듯이 이 문명 안에서 하나님의 백성들이 현실의 고난과 시험을 견디게 하시면서 하나님의 형상으로 빚으시기 위함입니다. 그때까지 보존된 이 세상은 하나님의 사자로서(롬 13:4) 악을 제어하고 선을 장려하며 윤리와 도덕을 통해 인간 세상의 정글화를 방지할 것입니다.

바벨 문명은 함무라비 법전을 만들고, 종주권 언약과 왕의 하사조약을 통해 하나님이 당신의 백성들과 언약을 맺는 패턴을 간직했습니다. 가인의 후손이 세운 문명에서는 인류를 풍요롭게 한 음악과 예술, 각종 기술이 탄생하여 예배자들을 위한 영적 문명에 쓰임을 받았습니다. 이집트와 중국은 문자와 종이를 발명하여 하나님의 말씀을 기록했습니다. 파피루스의 시대를 넘어 성경은 양피지에 일일이 베껴 썼는데 마태복음 2,600행을 베끼는 데만 해도 무려 26개월이 걸렸습니다. 많은 인건비 때문에 성경 한 권의 값은 지금의 가치로 환산하면 수십 억 원에 달합니다. 그러나 1460년 구텐베르크에 의해 금속활자가 발명되었고 가장 먼저 그 기계는 42행 성서를 인쇄하기 시작했습니다. 로마의 아피아가도는 복음전파의 통로 역할을 했습니다. 중국의 공산혁명은 5만의 선교사를 추방하였지만 문맹과 미신을 퇴출하고 문자를 통일하여 복음의 르네상스를 예고하고 있습니다.

비관적이라고 해서 낙관적이지 않은 것은 아닙니다. 우리는 비관적인 아래만 보지 않고 낙관적인 하늘의 도래를 동시에 보기 때문에 비관적이면서 동시에 낙관적입니다. 이러한 입장은 바울과 어거스틴, 그리고 경건한 복음주의자들이 받아들였습니다. 비관적 낙관주의는 시간을 구속하여 영적인 문명을 세우는 중단 없는 비전으로 우리를 이끕니다.

2. 호모 노마드

아름다운 이 세상 소풍 끝내는
날 가서 아름다웠더라고 말하리라(천상병)

가인과 그 후예들이 세운 이 세상 문명이 바벨론, 페르시아, 그리스, 로마, 미국으로 연결된다면 셋과 그 후손들이 세운 영적인 문명은 에노스, 므두셀라, 노아, 아브라함, 이스라엘, 그리고 오늘날의 교회로 이어집니다.

영적인 문명의 건설자들은 항상 이 세상에서 이방인이고 나그네입니다(벧전 2:11). 나그네로서의 교회의 정체성은 유리하는 (방랑하는) 아람사람(신 26:5) 이었던 아브라함의 후손에서 왔습니다. 그들은 유목하는 인간 즉 호모 노마드였습니다. 호모 노마드는 개방적이고 열린 사고를 하며 낯선 사람을 대접하는 것을 미덕으로 여기는 유목주의를 표방합니다. 워싱턴 포스트에서 지난 1,000년의 역사를 대표하는 인물로 지목한 칭기즈칸은 대표적인 호모 노마드입니다. 유목주의(nomadism)는 특정한 가치와 삶의 방식에 얽매이지 않고 끊임없이 새로운 자아를 찾아가며 길을 연결하여 네트워크를 지향하는 삶의 방식으로 21세기에 재탄생했습니다.

"내 후손들이 비단옷을 입고 기와집에서 살 때 내 제국은 멸망할 것이다"라고 했던 칭기즈칸의 말에 유목주의의 핵심이 들어 있습니다. 칭기즈칸의 후예인 한 투르크 족장의 묘비에는 이렇게 쓰여 있습니다. "성을 쌓는 자는 망할 것이요. 끊임없이 이동하는 자만이 살아남을 것이다." 호모 노마드로서 로마에 큰 위협이 되었던 훈족의 아틸라는 땅을 점령이 아닌 점유, 차지하는 것이 아니라 다스리는 개념으로 이해했습니다. 그는 건물을 짓고 안주하며 문명에 취해 있던 로마인들에게 하나님의 채찍이었습니다.

우리나라가 오랫동안 땅을 중심으로 하던 주소체계를 길 중심으로 바꾼 것은 네트워크를 중시하는 유목주의의 발견이라고 생각됩니다. 영적인 유목주의는 폐쇄가 아닌 소통에, 개인이 아닌 공동체에 방점을 찍는 종말본적 삶을 의미합니다. 영적 노마드는 우리에게 주어진 시간을 구속하여 영으로 세워 나가는 시간의 건설자들입니다. 이 일에 세상은 교회를 도와줄 수 없고 도와줄 수 없다면 방해할 수도 없습니다. 돌로 짓는 집에는 나무와 풀이 쓸모없는 것처럼 시간의 건축에는 재료가 따로 있습니다.

어느 날 치과에서 엑스레이를 찍은 다음 진료의자에 앉았을 때 바로 코앞에 해골사진이 나왔습니다. 그 모습을 보자마자 그리스 아폴론 신전의 상인방에 살과 뼈가 정해되어 해골과 뼈만 남은 그림 위에 적혀 있는 "너 자신을 알라."는 경구가 떠올랐습니다. 자신의 한계와 죽음을 인식하도록 하는 것, 그래서 진정한 앎에 이르도록 하고, 이를 통해 영혼의 자유를 추구한 것이 그리스 철학의 중심이었던 것입니다.

사람은 나이가 들면서 저절로 훌륭해지는 측면이 있습니다.

왜냐하면 죽음을 인식하고 죽음이 남의 일이 아니며 죽음이 가깝다는 것을 알기 때문입니다.

은퇴한 고위공직자 중 한 분은 정치권의 러브콜을 뒤로 하고 필리핀의 한 섬으로 떠났습니다. 사재를 털어 15 헥타르의 땅을 사서 책으로 농사법을 배우고 2.5모작으로 연간 4000가마의 쌀을 생산하여 섬에 사는 부족에게 일자리와 식량을 나누어주고 농사기술을 가르쳐 주면서 14개의 교회를 세웠습니다. 강도를 만나고 물탱크에서 떨어져 발목뼈가 부러지는 일을 당해도 포기하지 않았습니다. 76세가 되던 해에는 쌀을 싣고 가던 트럭이 절벽으로 떨어지면서 정신을 잃고 온 몸에 살점이 떨어지고 뼈마디가 부서지고 발가락은 엄지발가락만 남은 채 한국으로 긴급 후송되어 수술을 받았습니다. 그는 이런 고난이 하나님의 훈련 커리큘럼에 들어 있는 한 과목에 불과하다며 다시 그 섬에 갈 것이라고 하였습니다. 그가 사는 방식이 바로 영적인 노마드입니다.

성공한 50대의 한 치과의사는 갑자기 죽음을 의식하고 모든 재산을 정리하여 선교사가 되었습니다. 중국선교를 위해 캐나다 국적을 취득하려고 캐나다를 갔는데 거기서 입원 중인 노구의 셔우드 홀 선교사를 만난 것이 계기가 되어 중국 선교를 마치고 다시 캐나다로 돌아와 사재를 털어서 한국을 위해 인생을 바친 188명에 달하는 캐나다 출신 선교사들의 한국 선교 역사를 알리는 기념관을 세웠습니다.

스티브 잡스는 2005년 미국 스탠퍼드 대학교 졸업식에서 이렇게 연설했습니다. "죽을 날이 그리 멀지 않음을 기억하는 것은 인생의 중대한 결정들을 내리는 데 도움이 됩니다. 외부로부터의 기대나 실패에 대한 두려움 등은 죽음 앞에서 맥을 추지 못하며,

정말 중요한 것만 가려내 주기 때문입니다."

톨스토이는 50세가 되면서 갑자기 자신의 죽음을 의식하였습니다. 그는 자신을 돌아보며 참회록을 집필하고 이후에 저술한 소설의 방향을 완전히 바꾸었습니다. 그의 역작인 "부활"에 자신의 분신인 네흘류도프를 등장시켜서 참회의 심정을 표현했습니다. "모리와 함께 한 화요일"이라는 책이 있습니다. 시한부 판정을 받고 죽어가는 노교수와 젊은 제자가 나누는 대화를 책으로 엮었습니다. 그 책에서 모리는 조언합니다.

"살아가는 법을 배우면 죽는 법을 알게 되고, 죽는 법을 배우면 사는 법을 알게 된다네. 훌륭하게 살아가기 위한 최선의 방법은 언제라도 죽을 준비를 하는 것이야."

이 땅에서 아무리 큰 권력과 많은 돈과 대단한 지위와 명예를 가졌다고 해도 죽음은 거기에 영을 곱하여 원점으로 돌려놓습니다. 우리는 단지 하나님을 향한 대가 없는 헌신과 이웃을 향한 거룩한 낭비와 그리고 계산하지 않은 수고만을 가지고 천국에 갑니다.

상급교훈은 성경적입니다. 성경은 "너희 행위에는 상급이 있다." "상 받기 위하여 달음질하라"고 하였습니다. 상급에는 차등이 분명히 존재하고 선지자, 의인 제자들을 위한 것이 있는가 하면(마 10:41) 왼편과 오른편이라는 구분도 있습니다(마 25:33). 상급교훈이 구약과 유대교 전통에 뿌리를 두고 있기 때문에 물질적이고 가시적인 것으로 형상화되어 있기는 하지만 민족적인 수난을 겪고 있던 후기 유대교에서는 현재의 불행과 고난에 대한 변증

논리로서 궁극적인 보상이 미래적이며 초월적인 것이라는 개념으로 발전하였습니다. 무엇보다도 가장 큰 상급은 하나님이시며(창 15:1) 또한 하나님을 목적으로 삼고 살았던 품격 있고 고귀한 그 삶 자체입니다.

여기에 더하여 주의 나타나심을 사모하는 전도자에게 의의 면류관을 주십니다. 절제하는 자에게 썩지 않는 면류관을 주십니다. 시험을 통해 배우고 잘 견디면 생명의 면류관을 받습니다. 삶의 모범이 되면서 잘 가르치는 자는 영광의 면류관을 얻습니다. 성경의 상급관은 종말론과 맞물려서 철저하게 미래적이며 유보적입니다. 예수님은 하늘에 쌓이는 하늘의 재산은 그 성격이 미래적이라고(마 6:19, 20) 하셨습니다. 차라리 이 땅에서 덜 칭찬받고 덜 누리는 것이 나을지도 모릅니다. 눈앞에 성과가 없고 눈에 보이는 업적이 없어도 주님은 아십니다. 아니 뜻을 이루지 못하고 젊은 나이에 죽는다고 해도 그 건강과 그 여건이 있었다면 어떤 열매가 있었을지 주님이 불꽃같은 눈으로 감찰하시기 때문에 그에 따른 궁극적 보상은 분명히 주어질 것입니다.

3. 부르심

부르심은 소명이다.

이 세상에는 부르심에 이끌리는 삶과 불나방처럼 타자의 욕망에 이끌려 사는 삶이 있습니다. 라캉은 인간의 주체를 타자의 욕망으로 규정하고 인간은 영원히 만족이 없는 욕망에 이끌려 산다고 하였습니다. 고든 맥도널드에 의하면 부르심에 이끌리는 사람은 내면의 질서를 가진 사람이고 욕망에 이끌리는 사람은 쫓기는 삶입니다. 다윗은 부르심에 이끌려 내면의 질서를 가진 인생을 살았습니다. 반면에 사울은 욕망에 이끌려 쫓기는 인생을 살았습니다. 다윗을 추격한 사울은 사실 자신의 욕망에 쫓기는 인생이었습니다. 부르심을 자각하지 않는 삶은 쫓아오는 사람이 없어도 늘 조급하고 방어적이며 경쟁을 통해 자기를 증명하려고 합니다. 그래서 쉼이 없고 내적인 확신도 없습니다.

에베소 교회에 보낸 편지에서 바울은 부르심과 부르심의 소망이 무엇인지 알게 하시기를 구했습니다(엡 1:18). 부르심은 소명이고 부르심의 소망은 사명입니다. 소명은 구원에로의 일차적인 부르심(소명)과 직업에로의 이차적인 부르심(소명)이 있습니다. 캘빈은 이차적인 부르심을 직업소명설로 확장합니다. 부르심과 부르심의 소망 안에서 모든 사람은 소명을 받았습니다.

목사나 선교사만이 부르심은 아닙니다. 아무리 평범한 사람이라고 해도 독신의 은사가 아니라면 결혼을 해서 자식을 낳아 기르는 계대적 사명이 있습니다. 이스라엘은 계대적 사명을 망각하면 죽임을 당하거나(창 38:10) 신 벗김 받은 자의 집(신 25:10)이라는 비난을 받았으며 겉으로 막장으로 보이는 다말은 계대적 사명의 귀감으로 칭찬을 받았습니다(룻 4:12). 계승자가 없는 성공은 아무런 의미가 없습니다.

목사나 선교사로 태어나는 사람은 없습니다. 지금은 특별계시의 시대가 아니므로 하나님이 모세, 엘리야, 예레미야를 부르시듯이 사람을 부르시지 않습니다. 성직이 따로 존재하지도 않습니다. 목사의 소명은 목사가 해야 할 일이 정확히 무엇인지를 이해하는 것을 말합니다. 그러므로 그 직책이나 직분이 없어도 목사나 선교사의 소명을 감당할 수 있습니다.

"선지자의 이름으로 선지자를 영접하는 자는 선지자의 상을 받을 것이요 의인의 이름으로 의인을 영접하는 자는 의인의 상을 받을 것이요"(마 10:41)

내가 선지자나 의인이 아니어도 그들이 하는 일을 주어진 범위 안에서 감당하거나 그 일을 하는 사람을 돕는다면 그는 그들의 상을 받습니다. 우리교회에는 사랑방마다 순장이 있습니다. 이들은 순원을 심방하고 슬픔에 처한 사람을 먼저 찾아가며 말씀을 같이 나누며 마치 자신의 일처럼 서로를 걱정하고 챙겨주고 같이 기뻐하고 같이 슬퍼합니다. 저는 그들이 천국에서는 목사의 상을 받을 것이라는 것을 분명히 알고 있습니다. 그래서 그들이 부럽기도 하고 나의 받을 상을 위해 항상 거룩한 부담을 떨치지 못합니다. 동시에 그들에게는 직업적인 목사에게 상을 빼앗기지 말라고 권합니다.

한 사람을 말씀으로 양육하는 일이나, 낙심한 사람을 위해 기도하면서 작은 섬김이라도 실천하거나, 시험당한 사람을 일으키는 사역은 작은 일이 아닙니다. 내가 작은 예수라는 심정으로 그 일을 감당하면 의인과 선지자의 상을 받습니다. 내가 목사가 아니어도 섬기는 일을 허락된 범위에서 감당하면 목사의 상을 받습니다. 나는 목사가 아니기 때문에 그 일을 할 필요가 없다고 생각하면 자기의 상마저 잃습니다.

어떤 교회에서 한 교인이 목사가 자기에게만 인사를 안 했다는 이유로 다음 주부터 교회를 안 나오겠다고 했답니다. 목사는 까마득하게 모르는 일이었지만 그 가정을 방문하여 죄송하다고 무릎을 꿇었고 다시 교회에 나왔습니다. 사소해 보이는 이 이야기에는 중요한 사실이 숨어 있습니다. 그 교인이 자신을 보지 못하는 목사에게 먼저 인사하여 목사의 짐을 덜어 주었다면 그는 목사의 상을 받았을 것입니다. 그러나 목사의 시간을 빼앗고 목사의 정서적인 낭비를 초래했다면 자기의 상마저 잃습니다. 하나님은 지극히 작고 사소한 부분도 세어보고 달아보십니다.

사람은 사명감에 따라 다른 삶을 삽니다. 다른 사람의 짐까지 지는 사람은 그만큼 영적인 근육이 강해집니다. 자식이 셋이면 우울증을 겪을 시간이 없다는 말이 있습니다. 그러나 나의 짐마저 남에게 의존하면 섬김의 근육이 약해지고 정신이 퇴보 합니다. 우유를 마시는 사람보다 우유를 배달하는 사람이 건강하고 폭설에 업혀가는 사람은 얼어 죽어도 업은 사람이 살아남는 것과 같습니다.

우리가 하는 모든 일은 호구지책을 넘어 소명입니다. 이발이나 미용을 하는 사람이 있어야 누군가는 단정한 모습으로 그의 일을 합니다. 우리는 어디를 가든지 교통수단을 이용해야 하고 성실하게 그 일을 하고 있는 사람의 도움을 받아야 합니다. 병을 고치는 의사가 없으면 병든 사람은 그가 아무리 큰 소명을 감당하고 싶어도 더 이상 일을 할 수 없게 됩니다. 영국에서 출간된 한 소설에 물에 빠진 처칠을 구한 플레밍이라는 소년의 이야기가 나옵니다. 처칠의 가문에서는 가난한 플레밍의 학비를 지원하여 의사가 되는데 기여했습니다. 후에 처칠이 중동지역을 방문한 후에 폐렴에 걸려 사경을 헤매고 있을 때 플레밍은 페니실린을 발명하여 그의 목숨을 건졌습니다.

북경의 나비의 날개 짓이 지구 반대편에서는 태풍을 일으킬 수도 있는 것처럼 내가 하고 있는 일이 작고 사소해 보여도 그것을 소명으로 받으면 하나님은 우리가 감당하는 작은 소명을 통해 세상을 바꾸십니다. 자식을 키우는 일도 소명입니다. 사랑으로 자식만 잘 키워도 이 세상이 바뀝니다. 사랑으로 키운 아이는 사회에 좋은 인격으로 진출할 것이고 만나는 사람에게 친절하고 위로와 평강을 전달하는 사람이 되기 때문입니다. 수산나는 19명의 자녀를 낳아 청교도적인 신앙교육을 하였으며 그 중에 한 사람이 요한 웨슬리입니다. 수산나는 요람을 들 때 우주를 드는 것처럼 기도하는 마음으로 자녀를 섬겼습니다. 수산나가 한 유일한 일은 19명의 자식을 키우는 일이었지만 그 일을 통해 하나님은 세상을 밝게 하셨습니다.

직장인은 하루 일과의 대부분을 직장에서 보냅니다. 그것을 시간낭비라고 생각하지 말고 주님께 하듯 해야 합니다. 노동은 형벌이 아니라 은총입니다. 우리는 좋아하는 일을 할 수 없다면 하고 있는 일을 좋아해야 합니다. 성실로 식물을 삼으며 손이 수고한대로 먹게 해 달라고 기도해야 합니다. 이렇게 하나님의 손과 발이 되어 소명으로 그 일을 감당하는 사람에게 안식을 주십니다. 이러한 부르심을 통해 하나님은 전체를 복되게 하시며 말방울에 이르기까지 '여호와께 성결'이라 쓰게 하십니다.

4. 부르심의 소망

부르심의 소망은 사명이다.

명나라의 만력제는 22세에 왕이 된 후 6년에 걸쳐서 당시 명나라의 2년 예산에 해당하는 돈을 들여 지하궁전을 지었습니다. 이곳에서 연회를 열고 말년에는 아예 이곳에서 주지육림에 빠져 살다가 일부 궁녀와 신하들과 함께 이곳에 묻혔습니다. 그가 단 한 번이라도 황제가 된 이유를 물었다면 다른 선택을 했을 것입니다.

오프라 윈프리가 광우병을 예방하기 위하여 "이제는 햄버거를 먹지 말자"는 말을 한 마디 했는데 미국 전역에 햄버거 매출이 뚝 떨어지고, 축산업이 도산위기에 처했습니다. 백인이면서 금발의 미녀이며 재벌의 상속녀는 평소 "여자라면 네 마리의 애완동물을 키워야 한다. 옷장에 밍크 한 마리, 차고에 재규어 한 마리, 침대에 호랑이 한 마리, 그리고 뭐든지 사주는 얼간이 한 마리"라는 말을 자주 하였습니다. 한 사람은 인생을 사명으로 보았고 한 사람은 소비로 인식했습니다.

윈프리는 사명에 대하여 이런 말을 한 적이 있습니다. 첫째, 다른 사람보다 많은 것을 가졌다는 것은 축복이 아니라 사명입니다. 자기보다 못한 사람들을 도와줘야 할 책임이 있습니다. 둘째, 다른 사람보다 아파하는 것이 있다면 그것은 고통이 아니라 사명입니다. 아픔을 겪어본 사람만이 고통 받는 사람을 제대로 이해하며 위로할 수 있습니다. 셋째, 다른 사람보다 더 설레는 꿈이 있다면 그것은 망상이 아니라 사명입니다. 그 꿈을 이룸으로써 사회와 이웃에게 봉사할 수 있습니다. 넷째, 다른 사람보다 부담이 되는 어떤 것이 있다면 그것은 사명입니다. 해야 할 사명을 다하지 못한데서 오는 부담이기 때문에 그것을 피하려 들지 말고 기꺼이 감당해야 합니다.

현재 인류가 측정 가능한 가장 큰 항성은 케니스 메이저리스인데 태양보다 50만 배가 밝고, 지구보다 약 20만 배가 큽니다. 그런데 이 메이저리스마저 우주에서 보면 먼지에 불과하며 거기에 비하면 지구는 자다는 말조차 할 수 없습니다. 그 안에 인류가 살고 있으며 그 중에 한 객체가 바로 '나'라는 존재입니다. 내가 큰 소리를 친다고 해서 누가 귀를 기울이겠으며 내가 죽는다고 해도 무슨 변화가 일어나겠습니까? 이런 나를 왜 부르셨습니까? 잘난 체하고 뽐내라고 부르셨습니까? 그 부르심의 이유와 소망을 묻는 것은 먼지보다 작은 인생이 하나님께 발견되는 계기를 만듭니다.

모르드개가 왕후 에스더에게 묻습니다. "네가 왕후의 자리를 얻은 것이 이때를 위함이 아닌지 누가 알겠느냐?"(에 4:14). 모르드개는 에스더에게 부르심의 소망을 물었고 에스더는 그것을 깨닫고 목숨을 내놓고 왕에게 나아갔으며 아말렉의 후손 하만의 손에서 유대인을 구했습니다.

부르심의 소망은 키에르케고어가 말한 인생의 목적과 닿아 있습니다. 그가 말하는 인생의 목적은 하나님이 진정 내게 무엇을 원하시는지를 아는 것이며 … 내가 그것을 위하여 살기도 하고 죽을 수도 있는 이념을 찾는 것입니다. 도스토예프스키는 "카라마조프가의 형제들"에서 말했습니다.

"자신이 무엇을 위해 사는지 확고하게 이해하지 못한다면, 인간은 삶을 수용할 수 없고 지구상에 살아남기 보다는 오히려 자신을 파괴할 것입니다."

부르심의 이유와 소망을 묻지 않고 사명을 망각하면 그냥 거기서 끝나는 것이 아니라 하나님보다 이익을 우선하고 부끄러운 줄을 모르며 땅의 일을 생각하는 십자가의 원수로 살아야 합니다(빌 3:19). 그들은 실상 하나님이 아닌 배를 섬기는 것이기 때문에 그 마침은 멸망입니다. 십자가의 원수가 아닌 십자가의 연인으로 살기 위해서 부르심의 이유와 소망을 진지하게 물어야 합니다.

정치와 전도, 경건과 학문, 직업과 소명은 이분법적으로 나누어지거나 이원론으로 분리되지 않으며 부르심과 그 소망 안에서 통합되어 있습니다. 엘리야 당시 아합의 왕궁에는 소명의 사람 오바댜가 있었습니다. 그는 자신이 아합의 2인자가 된 부르심의 이유와 소망을 물었고 동굴에 100명의 선지자들을 숨기고 돌보는 것으로 답을 얻었습니다. 그는 하나님을 경외하는 숨은 7,000명의 보호자이기도 하였습니다. 다니엘은 이스라엘을 짓밟았으며 이방 신상에게 절을 해야 하는 적대적인 환경에서 바벨론과 메대와 페르시아의 재상이었습니다. 그 속에서 정체성을 잃지 않고 경건을 지킬 수 있었던 것은 그 자리를 부르심과 부르심의 소망으로 인식했기 때문입니다. 그를 통해 바벨론 127도에는 유대인의 회당이 세워졌고, 로마시대까지 이어지면서 바울이 복음을 전파하는 주요 거점이 되었습니다.

　상원 의원이 된 영국의 윌버포스는 그것을 부르심으로 인식하고 그 부르심의 소망을 물었습니다. 그는 권력투쟁을 통해 총리가 되는 것보다 노예금지 법안을 위해 평생 싸우는 것을 답으로 선택했습니다. 1833년 영국 의회가 2,000만 파운드의 보상을 마치고 제도자체가 사라지기까지는 26년이 소요되었고, 영국령 전체에서 노예해방이 이루어진 것은 윌버포스가 죽기 3일 전이었습니다.

　우리나라 최고 기업의 임원이었던 한 아버지의 고등학교 1학년 아들이 4층 아파트에서 뛰어내려 자살을 했습니다. 학교폭력을 당했던 아들은 얼마나 절박했던지 한 번 떨어져 죽지 않자 다친 몸을 끌고 올라가 다시 띨어졌습니나. 학교와 진구들은 서로 입을 맞추어 발뺌하기에 바빴습니다. 아버지는 회사를 그만두고 더 이상 내 아들과 같은 불행한 청소년이 나오지 않기를 바라는 마음으로 사재를 털어 "청소년폭력예방재단"을 세우고 경찰과 정부가 못하는 일을 사명으로 알고 감당했으며 입법기관으로부터 "학교폭력방지법"을 이끌어냈습니다. 아버지의 시계는 아들이 죽던 날 멈추었지만 같은 또래의 청소년들이 마음 놓고 학교를 다니도록 하는 것을 사명으로 알고 남은 인생을 바친 것입니다.

　일본에서 배수구에 들어가 5시간 동안 여성들의 치마 속을 촬영하던 남자가 체포된 적이 있습니다. 그는 다시 태어나면 도로로 태어나고 싶다고 했습니다. 그는 분명히 자신이 왜 사는지를 단 한 번도 묻지 않았을 것입니다. 이런 사람은 믿어도 결실하지 못하고(눅 8:14) 살았으나 죽은 자들입니다(딤전 5:6). 존 스토트는 "산상

수훈"에 관한 그의 저서에서 자신을 위한 포부와 하나님을 향한 포부 중에 제3의 선택이란 있을 수 없다고 하였습니다. 스포츠 스타에 대부호의 상속자였던 시 티 스터드는 자신의 인생을 하나님께 드리면서 말했습니다.

"단 한 번뿐인 인생 속히 지나가리라. 오직 그리스도를 위한 인생만이 영원하리라."

5. 선택과 집중

> 헛되고 헛되며 헛되고 헛되니 모든 것이 헛되도다(전 1:2)

젊어서 잠언을 기록한 솔로몬은 늙어서 모든 것을 누리고 경험해 본 후에는 222개의 단어로 전도서를 기록하였고 무려 37번이나 '헛되다'는 말을 반복합니다. 지구가 태양의 둘레를 시속 10만 8천 킬로미터로 공전하는데 대부분의 사람들은 대략 100바퀴를 채우지 못하고 인생이 끝납니다. 지구의 공전속도는 고속도로를 달리는 자동차보다 10,000배, 비행기보다 1,000배, 화살보다 500배, 총알보다 30배가 빠릅니다. 이렇게 빠른 세월은 블랙홀처럼 우리가 가졌던 모든 것을 빨아들이면서 공허(zero)와 없음(nothing)의 상태로 돌려놓습니다. 겪어보고 깨닫기에는 늦습니다. 모든 것을 다 할 수 있다는 욕심도 버리고 선택과 집중을 해야 합니다.

사르트르는 B와 D사이에는 C가 있다고 하였습니다. 삶(Birth)과 죽음(Death) 사이에는 선택(Choice)이 있다는 뜻입니다. 사람은 에로스를 통해 삶에 입장하고 죽음(타나토스)을 통해 퇴장합니다. 이 둘 사이에 선택의 기회가 주어집니다. 죽음이 모든 것을 삼킨 후에는 선택할 수 없습니다.

대초원에 사는 몽골인의 시력은 평균 2.9라고 합니다. 어떤 몽골인은 2킬로 밖에서 자기가 기르는 양의 성별을 구분할 정도입니다. 그들이 시력이 좋은 이유는 항상 먼 곳에 있는 양떼에게 시선을 고정하기 때문입니다. 이것이 선택과 집중의 원리입니다. 야구선수가 연습을 많이 하면 야구공이 수박 만하게 보입니다. 과녁은 연습을 많이 하면 점점 크고 선명해집니다. 하나님 아버지의 얼굴을 자주 구하면 하나님만 커 보이고 이 세상은 작아 보입니다. 세상을 뚫어지게 응시하면 세상이 커 보이고 하나님이 비현실적으로 작게 보입니다.

대낮보다 밝은 화려한 야경 때문에 별을 보지 못하는 것처럼 야망은 비전을 흐리게 합니다. 약초꾼이 산삼에 현혹되면 약초가 눈에 들어오지 않습니다. 공자는 비단옷을 입으면 지혜가 사라진다고 하였습니다. 그래서 바울은 그리스도를 알고 그 안에서 발견되는 데 방해가 되는 모든 세속적 배경을 배설물로 여겼습니다. 비전을 가진 사람은 전심으로 하나님을 찾아야 합니다. 하나님의 눈은 온 땅을 두루 감찰하사 전심으로 자기에게 향하는 자들을 위하여 능력을 베푸십니다(대하 16:9).

선택은 둘 중에 하나를 고르는 것이 아니라 나머지를 버리는 것입니다. 바울처럼 그리스도를 선택하는 것은 그를 얻기 위해 모든 것을 버리는 것을 의미합니다. 하나님은 우리를 선택하시고 아들을 버리셨습니다. 우리가 아무 것도 버리지 않았다면 우리는 아직 아무 것도 선택한 것이 아닙니다. 지금 우리는 선택해야 합니다. 무엇을 위해 인생을 살고 어떤 인생을 살 것인가? 우리는 선택과 동시에 무엇을 버려야 할지 결단해야 합니다. 교황이

미켈란젤로에게 훌륭한 작품을 만드는 비결을 묻자 이렇게 대답했다고 합니다.

"아주 간단합니다. 다비드와 관련 없는 것은 다 버렸습니다."

솔로몬의 결론처럼 인생이 허무한 것은 사실입니다. 그러나 그는 가정을 통해 얻는 소소한 행복과 하나님을 경외하는 삶을 선택하고 집중함으로 삶을 긍정하는 허무주의자였습니다. 삶을 긍정하는 허무주의자는 눈물을 흘리며 웃을 수 있는 결코 가볍지 않은 사람들입니다.

6. 꿈과 비전

교회는 하나님의 꿈이고 비전이다.

영국의 군인이었던 토마스 로렌스는 1차 세계대전 당시 아라비아인의 복장을 하고 그들과 함께 하며 터키와 싸워 그들의 권리를 지켜 주었습니다. 그가 쓴 "지혜의 일곱 기둥"에서 이런 글을 남깁니다.

"누구나 꿈을 꾼다. 그러나 그 꿈이 모두 같은 것은 아니다. 밤에 꿈을 꾸는 사람은 밝은 아침이 되면 잠에서 깨어나 그 꿈이 헛된 것이라는 사실을 이내 깨닫는다. 반면에 낮에 꿈을 꾸는 사람은 몹시 위험하다. 그런 사람은 눈을 부릅뜬 채 자신의 꿈을 실현시키려고 행동하기 때문이다. 그렇다. 나는 낮에 꿈을 꾸었다."

알렉산더는 아버지 필립 왕이 영토를 확장할 때마다 자신이 정복할 땅이 줄어드는 것을 보고 울었다고 합니다. 그는 스무 살에 왕이 되자마자 전쟁터로 나갔으며 부하들을 모아 "나는 페르시아를 정복하여 동서를 잇고자 하는 꿈을 가지고 있다."며 꿈을 보여주었습니다.

그는 그의 꿈을 공유한 부하들과 함께 13년 만에 인도까지 이르는 대제국을 건설했습니다.

몽상가 콜럼부스는 지브롤터가 새겨진 스페인 동전에 '더 이상 없다.'는 글귀를 부정하고 '저 너머에 무엇인가 있다.'는 신념으로 항해를 시작했습니다. 선상의 반란과 전염병에 굴하지 않고 서쪽으로, 서쪽으로 항해하여 신대륙에 도착하였습니다. 영화 "1492 콜럼부스"에서 그는 포르투갈의 고위관료 산체스에게 창문 너머로 보이는 도시의 첨탑과 궁전 그리고 찬란한 문명을 보여주면서 말했습니다.

"모두 나 같은 몽상가가 만든 것들입니다. 아무리 시간이 흘러도 당신과 나는 같아질 수 없어요. 난 해냈소. 당신은 못했소."

"미쳐야 미친다(reach)"라는 책에서 말하기를 조선시대에는 한 가지 일에 미쳐서 광기를 보이면 '벽'이라고 하고, 지나쳐서 얼간이로 보이는 것을 '치'라고 했는데, 이렇게 바보스럽고 우직하게 자기 길을 가는 '벽치'가 세상을 구원한다는 믿음을 가지고 있었다고 하였습니다.

한국의 근대화에 큰 몫을 한 정주영 회장은 야망의 사람이었습니다. 500원짜리 지폐의 거북선 그림을 보여주면서 영국에서 차관을 들여와 조선소를 건설했습니다. 미친 사람은 다른 사람이 딱해 보여도 자신은 행복하고 어디선가 모르는 에너지가 넘칩니다. 제자훈련을 교회에 접목하여 한국교회의 수준을 끌어올린 옥한흠 목사님은 "광인의 철학"으로 제자훈련 사역에 몰두 하였습니다. 바울도 자신을 미쳤다고 비난하는 베스도를 향해 갇힌 것 외에는 나와 같이 되기를 원한다고 하였습니다(행 26:29).

어린아이들의 안전한 놀이공간을 꿈꾸었던 월트 디즈니는 안타깝게도 디즈니랜드의 개장식 전에 세상을 떠났습니다. 개장식에 참석한 인사 중에 한 사람은 연단에서 안타까운 사연을 언급했습니다. "월트 디즈니가 이 광경을 보지 못하고 세상을 떠난 것이 안타깝습니다!"

뒤이어 연단에 오른 디즈니의 아내는 그 인사말에 감사하면서도 디즈니가 이 광경을 보지 못했다는 말은 부정하며 "그가 보았기 때문에 우리가 여기 있는 것입니다"라고 하였습니다. 디즈니가 상상으로 본 것이 바로 비전입니다. 비전은 꿈을 마음에 그리고 상상하면서 미리 펼쳐보는 청사진입니다. 운동하는 것을 상상하는 것만으로도 근육이 강화되는 것처럼 상상은 현실보다 중요하며 희망은 현실을 대하는 태도를 바꿉니다.

야망이든지, 꿈이든지, 희망이든지, 비전이든지, 몽상이든지, 망상이 아니라면 모두 의미가 있습니다. 그것이 신념과 결합하면 낙심하고 절망한 사람을 자리에서 일어나게 하고, 죽어가는 사람도 살리는 놀라운 힘을 발휘합니다. 그 사실을 아무도 부정할 수도 없고 부정해서도 안 됩니다. "다 잘 될 것이다… 가장 좋은 날은 아직 오지 않았다…바닥을 쳤으니 올라갈 일만 남았다… 끝나기 전까지는 아직 끝난 것이 아니다." 모두 의미 있는 말입니다.

이러한 긍정적 사고와 하면 된다는 신념은 매우 중요한 에너지의 원천입니다. 그러나 신념과 믿음이 다르고 희망과 소망이 다른 것처럼 인간이 추구하는 꿈과 하나님이 꿈꾸시는 비전은 다릅니다. 우리가 하나님과 같은 꿈을 꾸려면 하나님의 꿈이 무엇인지를 먼저 알아야 합니다. 성경에 지속적으로 나타나는 하나님의 꿈과 비전을 '묵시'라고 하며 '계시'와 '환상'이라고도 합니다.

"묵시가 없으면 백성이 방자히 행하거니와 율법을 지키는 자는 복이 있느니라"(잠 29:18)

묵시는 원어로 '보는 것' '꿈' '계시'를 의미합니다. 일부 번역본에서는 '비전'으로 번역하였습니다. 그것을 율법과 병행구절로 사용한 것으로 보아 성경에 근거를 두고 있습니다. 말세에는 모든 그리스도인들에게 이것이 주어진다고 하였습니다.

"…내가 내 영을 모든 육체에 부어 주리니 너희의 자녀들은 예언할 것이요 너희의 젊은이들은 환상을 보고 너희의 늙은이들은 꿈을 꾸리라"(행 2:17)

성령이 임하면 모든 그리스도인들이 말씀에 기록된 마음에 그리며 그것을 자신의 꿈으로 가지게 될 것이라는 뜻입니다. 성경에서는 하나님이 특별하게 보여주시는 '계시', '환상', '꿈'은 모두 이스라엘과 교회를 대상으로 합니다. 하나님은 여호수아에게 현실에 안주하며 주저앉은 백성의 대표들을 보내서 하나님이 주신 땅을 정탐하고 그 땅을 그려오게 하라고 명하셨습니다. 이스라엘이 하나님이 주신 가나안에 정착하는 꿈을 그들도 동일하게 갖기 원하셨습니다.

하나님은 스가랴에게 완공될 성전의 기명을 비롯하여 8개의 환상을 보여주심으로 성전 재건의 역사를 다시 시작하게 하셨습니다. 이 환상을 통하여 석공들의 망치소리가 다시 예루살렘에 메아리쳤습니다. 약속만 있고 자식이 없던 아브라함은 믿음이 흔들리면서 엘리에셀을 상속자로 고려하고 있을 때 하나님이 아브라함을 장막 밖으로 이끌고 나가셔서(창 15:5) 하나님의 비전을 보여 주셨습니다.

"하늘을 우러러 뭇별을 셀 수 있나 보라 또 그에게 이르시되 네 자손이 이와 같으리라"

하나님이 보여주신 꿈이나 계시와 환상은 모두 교회를 목표로 하고 있으며 하나님의 나라를 궁극적으로 지향합니다. 교회가 핍박을 당할 때는 사도요한에게 새 하늘과 새 땅을 미리 보여주심으로 현실의 고통을 이기고 그 나라를 사모하게 하였습니다. 그러므로 꿈과 계시, 비전과 환상, 신념과 믿음, 희망과 소망을 엄격하게 구분하면 전자는 아래에서 온 것이고 후자는 위에서 온 것이며 전자는 은총의 영역이고 후자는 은혜의 영역이며 전자는 현실적이고 후자는 초월적이며 전자는 인간이 원천이고 후자는 하나님이 주신 것들입니다.

형들이 "저기 꿈꾸는 자가 오는도다"라고 했던 요셉이 과연 스스로 꿈꾸는 자였을까요? 그가 애굽의 총리가 되는 꿈을 꾸고 그것을 실현했던 입지전적인 인물일까요? 결코 그렇지 않습니다. 요셉은 하나님이 만인의 생명을 구원하시려고 먼저 애굽에 보내신 선지자였습니다. 하나님의 꿈을 품은 요셉은 한 치 앞을 볼 수 없는 각본 없는 드라마에 직면합니다. 혼이 토굴에 묶이고 차가운 벽에 머리를 쥐어박아야 할 정도로 혼비백산했던 요셉을 끌어내셔서 애굽의 총리에 올리시고 이스라엘 민족을 바로의 심장부에서 창조하시는 꿈을 친히 이루십니다(시 105:17-22).

비전이나 환상이나 묵시, 야망, 몽상, 백일몽과 같은 것들은 꿈에 대한 언어적 표현일 뿐 그 풍부한 의미를 모두 담아낼 수 없습니다. 하나님의 꿈을 버리고 자신들의 꿈을 비전으로 가진 단지파가 있었습니다. 그들이 분배 받은 땅은 욥바라는 항구가 있고 예루살렘 근처 유다지파와 인접한 곳이었습니다. 그러나 블레셋 사람들의 공격이 귀찮기도 하고 아모리 사람들에게 쫓기는 것이 두려워서 하나님이 주신 땅을 버리고 헐몬산 아래 요단강의 3대 발원지 중 하나인 최북단에서 방어도 없이 평화롭게 살고 있는 라이스 사람들을 몰살시키고 거기에 정착합니다. 약속의 땅을 정복하는 것과 이곳을 차지하는 것은 성격이 완전히 달랐습니다. 이곳 단지파의 땅에는 벧엘과 함께 여로보암의 금송아지 신상이 세워집니다. 하나님의 꿈을 버리고 스스로의 야망을 쫓아갔던 단 지파는 거짓의 제단의 본거지가 되고 요한계시록에서는 14만 4천에 계수함을 받은 12지파 중에 들지 못합니다(계 7:5-8).

과거 가톨릭교회는 기독교왕국(Christendom)의 비전을 가졌습니다. 이 비전을 위해 이교도는 죽여도 죄가 되지 않는다는 합리화를 하였습니다. 그런데 실제로는 동방정복의 야망이 있었습니다. 종교개혁 이후 유럽 여러 나라에서 국교로 자리 잡은 개혁교회 역시 식민 지배를 정당화했습니다. 갈수록 기독교는 지배 이념이 되었으며 장엄한 신전과도 같은 교회를 건축했습니다. 교회와 세상을 구별하는 거룩함 대신 부와 권력이 건물을 채웠습니다.

롯은 아브라함과 헤어지기 전 요단지역과 소알을 보았습니다. "이에 롯이 눈을 들어 요단 지역을 바라본즉 소알까지 온 땅에 물이 넉넉하니 여호와께서 소돔과 고모라를 멸하시기 전이었으므로 여호와의 동산 같고 애굽 땅과 같았더라."(창 13:10) 롯은 그곳이 가진 영적 위험성을 간과한 채 야망을 품고 그 땅에 들어갔지만 무법한 자들의 음란한 행실 때문에 고통을 당했습니다(벧후 2:7). 그의 두 사위는 여호와의 말씀을 농담으로 여기고 두 딸은 하나님의 백성으로서는 상상할 수 없는 행동을 했습니다.

다윗도 제국의 야망을 가진 적이 있습니다. 다윗의 전적을 볼 때 충분히 대제국의 건설이 가능할 것이라고 생각했습니다. 백성들은 다윗이 광개토대왕, 알렉산더, 칭기즈칸이 되어 주기를 바랐습니다(삼하 24:1). 다윗은 그 꿈을 실현하기 위해 인구조사를 통해 군대에 나갈만한 사람을 계산했습니다(삼하 24:1). 그리고 곧바로 "내가 하나님을 앞섰다. 이것은 하나님이 원하시는 것이 아니다."는 사실을 깨닫고 자책하였습니다. 그 일로 백성 8만 명이 전염병으로 죽었습니다. 다윗이 오르난의 타작마당에서 하나님께 번제를 드린 후에야 하나님은 재앙을 거두십니다. 오르난의 타작마당은 솔로몬 성전의 터전이 되었으며 아브라함이 이삭을 바치던 모리아의 한 산이며 미래의 골고다를 상징합니다. 바로 이 골고다에서 신약의 교회가 탄생했습니다.

하나님의 꿈이고 비전이며 거룩한 야망인 교회는 지상에 임한 하나님 나라의 모형입니다. 예수님은 십자가와 부활을 통해서 당신의 교회를 세우실 때 처음부터 끝까지 이 세상에 속한 그 어떤 힘도 동원하지 않으셨습니다. 바울은 로마에 교회를 세우시려는 하나님과 같은 꿈을 꾸었습니다. "…내가 …로마도 보아야 하리라.…"(행 19:21) 하였던 그의 꿈은 "… 네가 …로마에서도 증언하여야 하리라"(행 23:11)고 하셨던 주님의 꿈이기도 하였습니다. 어거스틴은 서로마가 멸망하는 그 시각에 마지막 숨을 내쉬며 "하나님의 도성"에 마침표를 찍었습니다. 그는 제국의 야망이 황혼을 맞이할지라도 새로운 교회시대의 새벽이 도래할 것을 믿었습니다.

7. 야망과 비전

야망은 사업이고 비전은 사명이다.

야망은 성과에 좌우된다.
비전은 과정을 중시한다.
야망은 큰 일을 선호한다.
비전은 작은 일에 충성한다.
야망은 해야 할 일만 한다.
비전은 안 해도 될 일을 한다.
야망은 계산하고 일한다.
비전은 대가없이 헌신한다.
야망은 방법으로 한다.
비전은 마음으로 한다.
야망은 실패가 두렵다.
비전은 실패가 존재하지 않는다.
야망은 환경에 좌우된다.
비전은 환경을 좌우한다.
야망은 속도계를 본다.

비전은 나침반을 본다.
야망은 네거리에서 시작한다.
비전은 골방에서 시작한다.
야망은 레드오션이다.
비전은 블루오션이다.
야망은 사람을 이용하고 사물을 섬긴다.
비전은 사물을 이용하고 사람을 섬긴다.
야망은 타인과 경쟁한다.
비전은 자신과 경쟁한다.
야망은 자신을 기쁘게 한다.
비전은 하나님과 이웃을 기쁘게 한다.
야망은 주로 하나님의 손을 본다.
비전은 주로 하나님의 얼굴을 본다.
야망은 사람을 의식한다.
비전은 하나님께 묻는다.
야망은 가고 싶은 곳에 간다.
비전은 부르시는 곳에 간다.
야망은 성공이 목표다.
비전은 순종이 목표다.
야망은 하나님이 수단이다.
비전은 하나님이 목적이다.
야망은 내가 주어다.
비전은 하나님이 주어다.
야망은 쉼이 없다.
비전은 쉼도 있고 안식이 있다.

야망은 바쁘고 분주하다.
비전은 바쁘지만 질서가 있다.
야망은 쫓아오지 않아도 쫓긴다.
비전은 오직 그리스도를 좇는다.
야망은 나이와 함께 쇠퇴한다.
비전은 나이와 함께 무르익는다.
야망은 지배한다.
비전은 순교한다.

저자후기

　우리 조상들에게 베를 짜는 일이 일상이었습니다. 서민들이 낮에 일하고 밤에는 베를 짜서 옷이나 이불을 만들고 세금을 내는 등 화폐를 대신하였습니다. 조선시대 외거 노비의 경우 전답을 일구는 대신 '신공'이라는 몸값으로 남자는 베 두 필을 여자는 한 필 반을 해마다 바쳤는데 낮에는 논밭에서 일하고 저녁이 되면 베를 짜기 시작하여 밤늦게까지 이어졌습니다. 이렇게 베 한 필을 짜는데 석 달이 걸렸고 몸값을 내려면 꼬박 반년이 걸렸습니다.

　고단한 삶이었지만 시간이 지나면서 더 빨리, 더 많은 베를 생산하는 숙련된 직공이 되었습니다. 또한 이들은 기쁨과 슬픔, 행복과 불행, 고통과 위로의 씨줄과 날줄을 교차해 가면서 고단한 삶을 승화하고 삶을 수놓는 예술가인 동시에 철학자이기도 하였습니다. 한 올 한 올에 그들의 피와 땀과 눈물이 베어 한 필의 베는 삶의 애환과 본문을 담아냈으며 상처를 스스로 치유하고 고통을 승화했습니다.

　책을 쓴다는 것은 언어의 직공이 되어 한 땀 한 땀 지면 위에 글자를 수놓는 일입니다. 시간이 가는 것도 계절이 바뀌는 것도 잊고 집중해야 합니다. 한 올이라도 얽히면 풀어서 다시 베를 짜듯 다시 쓰고 고쳐 쓰기를 반복해야 합니다.

　미국의 시인이며 언론인이었던 브라이언트는 시 한 편을 세상에 내 놓기 전에 99번이나 고쳐 썼습니다. 이름이 기억나지 않는 어느 시인은 일단 다작을 하고 그 중에 고르고 골라서 다시 고른 내용을 100번도 넘게 수정한다고 합니다. 칸트는 순수이성 비판을 저술하면서 대중의 입맛에 맞는 즉각적인 성공이 아니라 영속적인 찬동을 얻어내기 위해 11년 동안 마치 시계처럼 성실하게 임했습니다. 그는 이렇게 글을 쓰는 것을 가리켜 '극기'라고 하였습니다. 책을 쓰는 고단한 일상을 견딜 수 있도록 몸을 최적화하려고 일본의 노벨상 수상 작가인 하루키는 하루에 8킬로미터를 달립니다.

하이데거는 언어는 존재의 집이라고 하였습니다. 누에가 실을 뽑아 자기의 집을 짓는 것처럼 사람은 자신이 한 말로 존재의 집을 짓고 그 안에서 살아갑니다. 까뮈는 글을 쓰는 일을 집을 짓는 축조술에 비유했습니다. 샘에 물이 고이듯 사념의 앙금이 가라앉으면 그것이 굳기를 기다려 벽돌을 만들고 그 벽돌로 기초를 쌓고 벽과 기둥을 세워 존재의 집을 지었습니다.

지난 십 수 년 동안 교회 건물이 파산위기에 몰리면서 고통을 승화하기 위해 매 주 주보에 길김을 실있는데 주위에서 책으로 내달라는 요청을 많이 받았습니다. 그런데 정제되지 않은 글을 바로 책으로 엮기에는 양심이 허락하지 않아서 다시 그것을 스크린 하면서 극기의 시간을 보냈습니다. 마치 수행을 하듯 체력을 최적화 하려고 수영과 근력운동을 하고 다른 책과 대화하기 위해 잠들기 전 책을 보고 꼭 필요한 약속이 아니면 피하고 어떤 사건이나 사물도 허투루 보지 않고 관찰하면서 생각하고 또 생각했습니다.

지금 생각해보니 결국 이렇게 글을 쓰는 일은 자기를 치유하고 자신을 지키는 일이었습니다. 덕분에 삶이 단순해지고 하나님과 더 가까워졌습니다. 그리고 고통스럽고 긴 기다림의 끝에서 완성된 자식과도 같은 한 권의 책이 자신을 알아보고 읽어 줄 독자를 찾아갑니다.

아바 아버지
하나님 아버지 마음의 일곱 기둥

발 행	2017년 10월 31일
등록번호	제385-2016-000006호
등 록 일	2016년 3월 3일
지 은 이	이경섭
펴 낸 이	이경섭
펴 낸 곳	도서출판 알투엠 AL2M
주 소	경기도 안양시 동안구 임곡로 43, 110-1401
홈페이지	
전 화	010-8650-5643
팩 스	031-457-2692
메 일	peace2642@naver.com

· 잘못된 책은 바꿔 드립니다.
· 가격은 뒷표지에 있습니다.
· 본 도서는 저작권의 보호를 받습니다.